中国国民经济核算
知识读本

《中国国民经济核算知识读本》编写组　著

中国统计出版社
China Statistics Press

图书在版编目(CIP)数据

中国国民经济核算知识读本 /《中国国民经济核算知识读本》编写组著. —— 北京 ：中国统计出版社，2020.11(2024.10 重印)

ISBN 978－7－5037－9289－2

Ⅰ. ①中… Ⅱ. ①中… Ⅲ. ①国民经济核算－基本知识－中国 Ⅳ. ①F222.33

中国版本图书馆 CIP 数据核字(2020)第 179078 号

中国国民经济核算知识读本

作　　者/中国国民经济核算知识读本编写组
责任编辑/许立舫
封面设计/李雪燕
出版发行/中国统计出版社
通信地址/北京市丰台区西三环南路甲 6 号　邮政编码/100073
电　　话/邮购(010)63376909　书店(010)68783171
网　　址/http://www.zgtjcbs.com
印　　刷/河北鑫兆源印刷有限公司
经　　销/新华书店
开　　本/710mm×1000mm　1/16
字　　数/160 千字
印　　张/12
版　　别/2020 年 11 月第 1 版
版　　次/2024 年 10 月第 5 次印刷
定　　价/48.00 元

《中国国民经济核算知识读本》编写组成员

顾　　问　宁吉喆

主　　编　李晓超

副 主 编　赵同录　金　红　吕　峰　张冬佑

编写人员　（以姓氏笔画为序）

马　佳　王　君　王媛媛　邓卫平　艾瑞清
冯　沛　吕　峰　刘晓雪　刘敏之　刘慧平
闫鲁一　李　仲　李花菊　李玮玥　李相龙
李益禛　杨　灿　邱　琼　沈　哲　张　民
张冬佑　陈　希　陈　杰　金　红　郑学工
赵同录　胡　红　柳　楠　施发启　耿安齐
徐永振　徐雄飞　郭晓雷　曾宪欣　魏媛媛

序　言

国民经济核算是监测分析国民经济运行状况的有效工具，是加强宏观经济管理调控的重要基础。

我国国民经济核算始于新中国成立初期，此后的30多年，我国国民经济核算一直采用的是适合计划经济国家的物质产品平衡表体系（MPS）。改革开放以后，我国开始着手研究实施由联合国等国际组织制定并推荐施行的适合市场经济国家的国民经济核算国际标准——国民账户体系（SNA）。以1992年国务院印发《关于实施新国民经济核算体系方案的通知》为标志，我国国民经济核算正式进入了采用SNA体系的发展阶段。2003年开始实施的《中国国民经济核算体系（2002）》，是我国依据国情制定的第一部施行SNA的核算标准文本。2017年，国务院批复同意国家统计局印发并组织实施《中国国民经济核算体系（2016）》，标志着我国国民经济核算进入新的发展阶段。

随着我国综合实力的不断增强，国家治理体系和治理能力现代化的不断推进，社会各方面对国民经济核算信息的需求日益强烈。当前，党中央部署的加快建立国家统一的经济核算制度、编制全国和地方资产负债表、探索编制自然资源资产负债表等三大核算改革正向纵深推进，《中国国民经济核算体系（2016）》正在全面实施。为了便于广大用户全面了解国民经济核算体系的核算框架、核算原则和核算标准，准确理解我国正在实施的《中国国民经济核算体系（2016）》中一些指标口径和核算方法，全面把握三大核算改革的意义和具体核算内容，有效运用国民经济核算资料分析研判宏观经济运行状况，近年来，我们广泛搜集用户在使用国民经济核算数据过程中容易混淆的问题，系统整理了使用国民经济核算数据需要了解的基础知识，编印出版了《中国国民经济核算体系（2016）培训教材》。根据用户的需求，结合国民经济核算工作进展情况，我们又组织撰写了这本《中国国民经济核算知识读本》。

本书既介绍了国民经济核算国际标准和《中国国民经济核算体系（2016）》中的核算原则、基本概念、基本分类等基本知识，又描述了我国国民经济核算实践中的一些具体核算方法，还有针对性地解答了用户在理解国民经济核算时容易混淆的一些问题。希望本书能够为广大的国民经济核算数据用户准确理解和正确使用有关数据提供帮助，同时，本书也裨益于从事经济社会统计以及从事国民经济核算的专业人员。

著名经济学家保罗·萨缪尔森曾经说过："尽管 GDP 和国民账户的方方面面可能看起来只是一些艰涩的概念，但是它们真真实实是 20 世纪最伟大的发明之一"。伟大的发明，需要伟大的实践，中国国民经济核算体系将在实践中不断充实、不断完善。

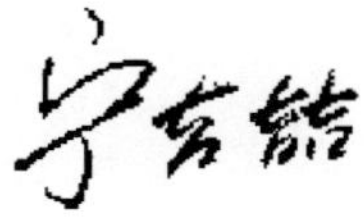

国家发展改革委副主任兼国家统计局局长

目　录

第一章　综合

第二章　国内生产总值核算

第四章　资金流量核算

第五章　资产负债核算

第八章　“三新”经济和派生产业核算

第九章　国民经济核算分析

第一章
综　合

第一章　综合

1. 国民经济核算的基本内容和主要作用

国民经济核算是按照一套基于经济学原理的严格核算规则，对国民经济总体所进行的系统定量测度，其主要作用包括以下方面：

一是反映国民经济运行状况的有效工具。国民经济是一个复杂的运行系统，不同部门、不同环节之间存在着复杂经济联系，通过国民经济核算，可以把描述国民经济各个方面的基本指标有机地组织起来，为复杂的国民经济运行过程勾画出一幅简明的图像，提高人们了解和把握经济运行状况的能力。

二是进行宏观经济管理的重要依据。国民经济核算科学系统地反映国民经济主要指标之间的内在联系，可以提供整个国民经济运行状况全面详细的数据，既能为中长期规划、年度计划、产业政策、收入分配政策及财政金融等宏观经济决策提供重要依据，也是检验以往宏观经济政策科学性的有效手段。

三是形成经济统计的统一框架。国民经济核算体系对各种不同类型经济统计的基本概念、基本分类和指标设置提出统一的要求，使得这些经济统计在满足国民经济核算要求的同时，可以实现彼此间在概念上的相互衔接，从而使经济统计形成统一的整体。以国民经济核算体系作为基本框架开展经济统计工作，可以确保不同来源的数据具有一致性。如果孤立地看每种类型的经济统计数据，很难发现它们本身所存在的问题。而把各种不同类型经济统计数据放在国民经济核算这个统一框架下时，就较容易发现和解决问题，并实现不同类型经济统计数据之间的相互衔接。

四是开展国际比较的重要依据。在全球化的今天，任何国家的经济运行都不可能是封闭的、孤立的。各国为了检验本国经济发展状况,需要与其他经济体进行国际比较。SNA 提供了一套国际标准,各国在统一的原则和框架下开展国民经济核算,能够在经济规模、经济结构、收入分配、财富积累等各方面进行国际比较。国民经济核算数据还在一定程度上决定了一个国家应该承担的国际义务和可以享受的优惠待遇,决定了一个国家在国际社会所能发挥的作用。

2. 我国三大核算改革的内涵和意义

党的十八届三中全会通过的《中共中央关于全面深化改革若干重大问题的决定》提出,加快建立国家统一的经济核算制度、编制全国和地方资产负债表、探索编制自然资源资产负债表,这是党中央提出的三项重大国民经济核算改革任务,简称三大核算改革。按照党中央、国务院的决策部署,国家统计局会同有关部门,通过深入调查研究、借鉴国外经验、广泛征求各方面意见,制定了《地区生产总值统一核算改革方案》《全国和地方资产负债表编制工作方案》《编制自然资源资产负债表试点方案》三个方案。《地区生产总值统一核算改革方案》和《全国和地方资产负债表编制工作方案》2017 年经中央全面深化改革领导小组第三十六次会议审议通过,《编制自然资源资产负债表试点方案》2015 年经中央全面深化改革领导小组第十四次会议审议通过。

地区生产总值统一核算改革。地区生产总值统一核算是地区生产总值核算的一种方式,指各省(区、市)生产总值核算由国家统计局统一领导和组织实施,各省(区、市)统计局共同参与,按照统一的核算方法,遵循真实准确、规范统一和公开透明的原则,统一核算各地区生产总值,实现地区生产总值汇总数和国内生产总值在总量、速度和结构上的基本衔接。市级和县级生产总值统一核算参照省级生产总值统一核算方式组织实施。实施地区生产总值统一核算改革，将分级核算方式下的“各算各账”改革为统一核算方式下的“共同算账”，从根本上解决了地区生产总值分级核算方式下数据不衔接的问题。通过实施地区生产总值统一核算改革，按照统一的核算方法，使用统一的数据来源，对于提高生产总值核算数据质量，提高政府统计公信力，科学研判经济运行形势，制定宏观经济政策，都具有十分重要而深远的意义。

编制全国和地方资产负债表。编制全国和地方资产负债表，指按照科学的核算方法，遵循真实准确与审慎核算相统一、整体推进与分步实施相结合、国际标准与我国实际相协调的原则，分别编制全国资产负债表和各省（区、市）资产负债表，以全面客观地反映全国和各省（区、市）的资产、负债和资产净值状况。编制全国和地方资产负债表，可以摸清存量“家底”，从宏观上把握全国和各地区的资产和负债状况，对于提高政府宏观经济决策的稳健性、科学性具有重大的现实意义。利用全国和地方资产负债表，通过分析全国和地方资产负债表中各机构部门的债务情况，可以识别潜在风险点，预判潜在风险，有利于防范和化解风险。编制全国和地方资产负债表标志着我国国民经济核算由注重流量核算向流量核算与存量核算并重转变，对于完善统计体制，健全核算体系，全面深化统计改革具有重要意义。

探索编制自然资源资产负债表。探索编制自然资源资产负债表，是以资产核算账户的形式，按照统一的统计规范和核算方法，对全国或地区主要自然资源资产的存量及增减变化、质量及其变化进行分类核算，以定期评估全国或地区的自然资源存量、质量及变动情况，揭示经济主体对自然资源资产的占有、使用、消耗、恢复和提质的活动情况。探索编制自然资源资产负债表，有利于推动建立健全科学规范的自然资源统计调查和监测制度，提高自然资源统计监测数据质量，对于推进生态文明建设，有效保护和永续利用自然资源具有重要的作用，能够为建立绿色发展绩效评价考核机制、开展领导干部自然资源资产离任审计等提供量化指标信息支撑。

3. 我国国民经济核算体系的发展历程

我国国民经济核算体系的建立和发展，是伴随着我国经济发展、体制改革而循序渐进的。具体说来，大体可分为三个阶段：物质产品平衡表体系（MPS 体系）的建立和发展阶段，MPS 体系与国民账户体系（SNA）并存阶段，在 SNA 体系下的发展完善阶段。

第一阶段（1952－1984 年）：MPS 体系的建立和发展阶段。MPS 体系是在苏联产生和发展起来的，按照 MPS 体系，在经济生活中，只有创造物质产品和增加产品价值的劳动才是生产劳动，从事生产劳动的部门属于物质生产部门，包括：农业、工业、建筑业、运输业、商业，否则属于非生产劳动和非物质生产部门。1952 年，刚刚成立的国家统计局在全国范围内开展了工农业总产值调查，后来扩大到社会总产值核算。从 1954 年开始，国家统计局开展了我国国民收入的生产、分配、消费和积累核算。1956 年，国家统计局在学习苏联国民经济核算经验基础上，开始在我国全面推行 MPS 体系。

第二阶段（1985－1992 年）：MPS 体系与 SNA 体系并存阶段。随着改革开放的深入和国民经济的发展，MPS 体系已经不能完全满足国家宏观经济管理工作的需要。我国继续在 MPS 体系下开展核算的同时，逐步研究和开展 SNA 体系下的核算。1984 年，国务院成立专门机构，组织和领导我国新国民经济核算体系的研究设计工作。随后，国家统计局会同有关部门、高等院校、科研机构，在总结我国当时的国民经济核算实践经验和理论研究成果的基础上，制定了《中国国民经济核算体系（试行方案）》。该方案采纳了 SNA 的基本核算原则、内容和方法，保留了 MPS 体系的部分内容，是一个 MPS 与 SNA 的混合性体系。1992 年 1 月，国务院组织有关专家进行了论证，通过了这一方案。同年 8 月，国务院印发了《关于实施新国民经济核算体系方案的通知》，要求在全国范围内分步实施这一体系。

第三阶段(1993 年至今)：在 SNA 体系下的发展完善阶段。从 1993 年起，以取消 MPS 的国民收入核算为标志，我国国民经济核算从 MPS 体系和 SNA 体系并存阶段，进入了 SNA 体系的发展阶段。从 1999 年开始，国家统计局对《中国国民经济核算体系(试行方案)》进行了系统修订，采纳了 1993 年 SNA 的基本核算原则、内容和方法，形成了《中国国民经济核算体系(2002)》，从 2003 年起在全国组织实施。《中国国民经济核算体系(2002)》实施以来，我国经济生活中出现了许多新情况和新变化，国民经济核算国际标准也由 1993 年 SNA 修订至 2008 年 SNA。为更加准确地反映我国国民经济运行情况，更好地体现我国经济发展的新特点，实现与国民经济核算新的国际标准相衔接，国家统计局对《中国国民经济核算体系(2002)》进行了全面系统的修订，形成了《中国国民经济核算体系(2016)》。2017 年 7 月，国务院批复同意国家统计局印发并组织实施这一新的国民经济核算体系。

4. 我国国民经济核算体系框架

我国国民经济核算体系由基本核算和扩展核算组成。

基本核算是国民经济核算体系的主要内容，旨在系统描述国民经济运行全过程。基本核算包括国内生产总值核算、投入产出核算、资金流量核算、资产负债核算、国际收支核算。国内生产总值核算描述生产活动最终成果的形成和使用过程，反映国民经济各行业、产业增加值以及生产成果最终使用的总量和结构，是国民经济核算体系的核心内容。投入产出核算是国内生产总值核算的整合和扩展，描述国民经济各部门在一定时期内生产活动的投入来源和产出使用去向，揭示国民经济各部门间相互联系、相互依存的数量关系。资金流量核算是国内生产总值核算的延伸，以收入分配和资金运动为核算对象，描述一定时期内各机构部门收入的分配和使用、资金的筹集和运用情况。资产负债核算描述特定时点资产负债的存量和结构情况，以及资产负债从期初到期末之间发生的变化。国际收支核算描述我国常住单位与非常住单位之间的经济往来关系，一方面反映一定时期内发生的对外经济收支往来，另一方面反映对外资产负债及其变动状况。

扩展核算是对基本核算的补充与扩展，旨在对国民经济中某些特殊领域的活动进行描述。扩展核算通过扩展国民经济核算相关基本概念或对相关基本分类进行重新组合，以及改变处理方法等，对国民经济中某些领域的活动或与国民经济有密切关系的领域进行核算，以满足特定类型分析和专门领域管理的需要。根据我国管理需要和统计基础状况，扩展核算分为两大类。一类是对原有基本核算内容的补充和扩展，主要包括资源环境核算、人口和劳动力核算。另一类是对原有核算分类进行重新组合，主要包括卫生核算、旅游核算等。扩展核算体现了国民经济核算体系的开放性和灵活性。

5.《中国国民经济核算体系(2016)》主要修订内容

与《中国国民经济核算体系(2002)》相比，《中国国民经济核算体系(2016)》主要做了以下几方面的修订。

一是引入了若干新的基本概念。引入知识产权产品概念，把研究与开发作为固定资产，把研发支出从中间投入调整为固定资本形成计入 GDP；引入经济所有权概念，把农村土地经营权作为经济所有权处理，把相应的流转收入作为农民的财产性收入处理；引入雇员股票期权概念，将其计入劳动者报酬；引入实物社会转移和实际最终消费概念。

二是修订了基本核算范围。扩展了生产范围，明确将生产者（不包括住户部门）为了自身最终消费或固定资本形成而进行的知识载体产品的自给性生产纳入生产范围；扩展了资产范围，将知识产权产品和非生产非金融资产等纳入非金融资产的核算范围，将金融衍生品和雇员股票期权等纳入金融资产的核算范围；修订了消费范围，由于上述生产范围和资产范围的变化，从而引起消费范围相应变化。

三是修订了基本分类。修订了机构部门分类，将“为住户服务的非营利机构”部门从广义政府部门划分出来，单独设置了“为住户服务的非营利机构”部门。根据国家统计局新的国民经济行业分类标准，修订了产业部门分类。增加了产品分类，将《统计用产品分类目录》作为国民经济核算的基本分类。修订了交易项目分类，主要是修订了最终消费分类、资本转移分类和资本形成总额分类。修订资产负债分类，增加了生产资产和非生产资产分类，把生产资产划分为固定资产、存货和贵重物品三个类别，将固定资产划分为住宅、其他建筑和构筑物、机器和设备、培育性生物资源、知识产权产品和其他等 6 个类别；取消了国内金融资产与负债和国外金融资产与负债的划分，统一按金融工具类型进行分类；引入了金融衍生产品和雇员股票期权类别，分别用股权和投资基金份额、债务性证券、保险准备金和社会保险基金权益，代替了股票及其他股权、证券（不含股票）、保险准备金。

四是修订了基本核算框架。原标准的基本核算框架由基本核算表、国民经济账户和附属表三大部分组成，新标准由基本核算和扩展核算两部分组成，为了避免与基本核算表的内容相重复，不再单独设置国民经济账户部分；在基本核算框架中，主要是在资产负债核算中增加了资产负债交易变化表和资产负债其他变化表两张流量表；在扩展核算中，将自然资源实物量核算拓展为资源环境核算，将人口资源与人力资本实物量核算调整为人口和劳动力核算，增加了卫生核算、旅游核算和新经济核算，更好地体现了我国国民经济核算体系的开放性和前瞻性。

五是修订了若干基本指标。包括对总产出、中间投入、增加值、劳动者报酬、固定资产折旧、营业盈余、政府消费支出、资本形成总额、财产收入、所得税财产税等经常税、非金融非生产资产的获得减处置、固定资产等基本指标的定义和口径范围的修订。同时，新标准还引入了一些新的基本指标，包括调整可支配收入、投资基金份额、金融衍生产品、生产资产、非生产资产、贵重物品等。

六是改进了一些指标的核算方法。改进了居民自有住房服务产出的核算方法，采用市场租金法计算城镇居民自有住房服务产出；改进了间接计算的金融中介服务（FISIM）产出的核算方法，用“参考利率法”计算 FISIM 产出；改进了中央银行产出的核算方法，将中央银行作为货币金融服务业的组成部分，与其他法人单位一起核算产出，并且区分市场服务和非市场服务分别核算；改进了非寿险服务产出的核算方法，按照 2008 年 SNA 推荐的“期望法”或“会计法”等方法调整巨灾后的已生索赔来计算非寿险服务产出；调整了研发支出的核算方法，把能为所有者带来经济利益的研发支出不再作为中间投入，而是计入增加值和固定资本形成总额。

《中国国民经济核算体系（2016）》的这些修订内容，将在未来的核算实践中逐步实施。

6. 国民账户体系的建立和发展

国民账户体系（The System of National Accounts，缩写为

SNA)是联合国等国际组织制定的国民经济核算国际标准。它是一套按照经济学原理，严格遵循核算规则进行经济活动测度的标准，包含了完整的概念、定义、分类和核算原则，形成了具有整体性、全面性、一致性，同时兼具灵活性的框架体系，是当今世界绝大多数国家在宏观经济核算中采用的核算标准。SNA 诞生于西方市场经济国家，起步于 20 世纪中叶，并且随着经济发展不断修订，迄今为止共有四个主要版本，分别是 1953 年 SNA、1968 年 SNA、1993 年 SNA 和 2008 年 SNA。

1953 年 SNA：1947 年，联合国公布了由理查德 • 斯通（Richard Stone）等人撰写的关于国民收入和相关总量的研究报告，成为 SNA 的雏形。理查德 • 斯通因此被统计学界尊称为“国民经济核算之父”，并获得 1984 年诺贝尔经济学奖。1953 年，联合国公布《国民账户体系及其辅助表》报告，即 1953 年 SNA，标志着现代国民经济核算体系国际标准的诞生。1953 年 SNA 的重心是国民收入与生产核算，目的是制定一套标准的国民经济核算体系，提供一个具有普适性的国民收入与生产统计框架。在该体系中，所有流量都是按现行价格记录的，未涉及按不变价格计算的问题。总体来说，1953 年 SNA 首次确立了国民经济核算的国际标准，具有重大开创意义，但结构还比较简单，内容不够完整。

1968 年 SNA：1953 年 SNA 建立后，各国的国民经济核算工作迅速发展，出现了很多新的核算内容。为保证国际标准与各国新开展的核算工作保持同步，联合国对 1953 年 SNA 进行了修订，形成了 1968 年 SNA。与 1953 年 SNA 相比，1968 年 SNA 具有以下特点：一是扩展了核算内容。除了生产总值核算外，把投入产出核算、资金流量核算和国际收支核算纳入 SNA，同时也对资产负债核算做了初步设计，形成了内容较为完整的五大核算体系。二是将原先在经济整体层面编制的收入与支出账户和资本账户，细分至各机构部门层面。三是增加了不变价核算。总的来看，1968 年 SNA 在国民经济核算框架设计和账户细分两个方面取得了重大进展，但偏重于体系的完美，对可行性重视不够。

1993 年 SNA：1953 年 SNA 和 1968 年 SNA 是由联合国单独颁布的，1993 年 SNA 由联合国、世界银行、国际货币基金组织、经济合作与发展组织、欧洲经济共同体委员会等五个国际组织共同颁布。1993 年 SNA 更加突出了对经济发展重要领域的深入描述，代表了国民经济核算发展的新阶段。与 1968 年 SNA 相比，1993 年 SNA 有以下特点：一是扩展了核算内容。在反映通货膨胀、政府功能转变、服务业发展、金融活动、环境与经济的关系等方面，补充和调整了一些核算内容。二是概念更加清晰。澄清了一些特殊问题，通过逐一阐明各项核算原则，减少了核算体系表面的复杂性。三是形式更加灵活。在遵循核算基本原则前提下，更加注重操作的灵活性，使核算人员能够在不同情况下作出必要的变通处理。四是与其他国际统计标准之间的协调性进一步加强。此外，1993 年 SNA 具有较强的可行性，更容易被世界各国接受。

2008 年 SNA：2008 年 SNA 也是由联合国等五大国际组织共同颁布的，是目前最新的国民经济核算国际标准。2008 年 SNA 适应了世界经济环境新的发展变化，反映了国际上国民经济核算理论方法研究取得的成果和各国国民经济核算的实践经验，满足了广大用户不断变化的需求，与国际收支统计、政府财政统计、货币金融统计等其他国际统计标准更加协调一致。2008 年 SNA 沿用了 1993 年 SNA 的基本框架，没有发生根本性的变化，其修订主要包括五个方面：一是扩展了资产范围。引入了知识产权产品的概念，改进了数据库，娱乐、文学和艺术品原件与复制品的处理方法，研发支出开始作为资本形成处理。二是改进了金融部门核算方法。针对养老金权益记录方法给出了新的指导，改进了间接计算的金融中介服务

(FISIM)和非寿险服务的核算方法。三是阐述并详细解释了全球化有关问题的处理方法。四是阐明并改进了广义政府和公共部门的若干核算原则。五是详细阐述了非正规部门的处理方法。

7. 国民经济核算采用的基本分类

国民经济核算采用三种基本分类。

一是机构单位和机构部门分类。机构单位是指能够以自己的名义拥有资产和承担负债,能够独立地从事经济活动并与其他主体进行交易的经济主体。在现实经济生活中,具备机构单位条件的单位主要有两类,一类是住户,一类是得到法律或社会承认的法律实体或社会实体。同类机构单位组成机构部门。中国国民经济核算体系把所有常住机构单位划分为五个机构部门,即非金融企业部门、金融机构部门、广义政府部门、住户部门和为住户服务的非营利机构部门。非金融企业部门由所有从事市场性货物生产、提供非金融市场性服务的常住企业组成。金融机构部门由从事金融媒介以及与金融媒介密切相关的辅助金融活动的常住机构单位组成,包括从事货币金融服务、资本市场服务、保险服务、其他金融服务等活动的法人单位。广义政府部门由在设定区域内对其他机构单位拥有立法、司法或行政权的法律实体及其附属单位组成,主要包括各级党政机关、群众团体、事业单位、基层群众性自治组织等。住户部门由共享同一生活设施,共同使用部分或全部收入和财产,共同消费住房、食品和其他消费品与服务的常住个人或个人群体组成。住户部门既是生产者,也是消费者和投资者。为住户服务的非营利机构部门由从事非市场性生产、为住户提供服务、其资金主要来源于会员会费和社会捐赠且不受政府控制的非营利机构组成,例如宗教组织,各种社交、文化、娱乐和体育俱乐部,以及公众、企业、政府机构、非常住单位等以现金或实物提供资助的慈善、救济和援助组织等。

我国目前在实际核算工作中尚未单设为住户服务的非营利机构部门，将其归入广义政府部门中。

二是产业活动单位和产业部门分类。产业活动单位指在一个地点从事一种或主要从事一种类型的生产活动，并具有收入和支出会计核算资料的生产单位。产业活动单位是为生产核算设立的，其目的在于比较准确地反映各种类型产业活动的生产规模、结构等。产业部门分类是按照主产品同质性原则，把从事相同或类似活动的产业活动单位归为一个产业。中国国民经济核算体系根据国民经济行业分类标准和统计基础情况确定产业部门分类。

三是产品和产品部门分类。产品即货物和服务，是生产活动的成果。产品可以作为其他货物和服务生产的投入，也可以作为最终消费品或投资品。产品从理论上又可分为市场货物和服务、为自己最终使用的货物和服务以及非市场货物和服务。产品部门分类是按照同质性原则对货物和服务的细分。中国国民经济核算体系根据《统计用产品分类目录》和统计基础情况确定具体的产品部门分类。

8. 国民经济核算与专业统计的关系

国民经济核算是以整个国民经济运行全过程为对象的宏观核算，专业统计的对象则是国民经济某个部门或行业的活动，或国民经济运行过程中某个环节或某个要素的情况。国民经济核算作为概念框架，确保各相关专业统计使用的基本概念、定义和分类协调一致，作为核算框架，确保从不同资料来源采集的数据在数值上协调匹配。

专业统计是国民经济核算的基础。国民经济核算是对全部经济活动的综合反映，涵盖经济活动的各个方面。专业统计为国民经济核算提供了分门别类的来自基层的原始信息，如农业统计、工业统计、投资统计、住户调查、价格统计等。国民经济核算以专业统计为基础，专业统计口径范围是否完整、数据质量是否可靠直接关系到国民经济核算的质量。要确保国民经济核算的质量，前提是确保专业统计的科学性和完备性，要求专业统计在统计分类、指标设置、统计频率等方面满足国民经济核算的需要。

国民经济核算为专业统计提供了有机结合的基本框架。国民经济核算对各种不同类型的专业统计的基本概念、基本分类和指标设置提出了统一的要求，从而使得这些专业统计在满足国民经济核算要求的同时，可以实现彼此之间的相互衔接，使整个经济统计形成一个统一的整体。在核算框架下，不同领域、不同类型的专业统计相互结合，发挥出单项专业统计所不具备的整体功能作用。

国民经济核算可以验证专业统计数据的准确性。如果孤立地观察某一方面的经济数据，很难判断数据本身是否存在问题以及它与相关统计数据之间是否匹配。当把各种专业统计数据放在国民经济核算这个统一的基本框架下时，就很容易发现问题。例如，一般情况下企业销售收入与税收数据应该有密切的联系；住户调查中的居民消费支出数据与商品零售额数据应该相互联系；营业额、增加值、中间投入等数据与劳动力投入数据应该有一定的联系。如果它们之间的关系不符合逻辑的话，就说明某些专业统计数据可能不够准确。

9. 国民经济核算与会计核算的关系

国民经济核算的原则和方法来源于微观会计，会计核算为国民经济核算提供了基本的方法论。在宏观意义上，可将国民经济核算理解为一种宏观会计核算，但它又不是微观会计核算的简单汇总，二者之间既有联系也有区别。

两者的联系。一是主要核算内容相同。国民经济核算和会计核算都是对一定核算对象的生产、收入分配、消费、投资、资产负债等方面进行记录。会计核算为国民经济核算提供了大量的原始资料，没有会计核算数据支持，国民经济核算就缺乏必要的数据基础，也就难以独立存在。二是核算原则相同。国民经济核算和会计核算对各种交易的记录都遵循权责发生制原则，即交易在债权债务发生、转移或取消时记录。权责发生制原则意味着交易在其实际发生时记录，而不是在相应的资金流入与流出时记录。三是核算方式相同。国民经济核算和会计核算均以账户式平衡表形式对每一笔交易进行记录。

两者的区别。一是核算对象不同。会计核算一般以微观实体即法人作为核算对象，而国民经济核算则以整个国民经济作为核算对象。当然，每一个法人单位都是国民经济的组成部分。二是计价方法不同。按照惯例，会计核算通常按历史成本即交易发生时的实际价格对生产中使用的资产和货物进行计价。而国民经济核算为了更有效地服务于经济分析和宏观政策制定，采用了经济学机会成本的概念，按核算期市场交易价格或重估价进行核算。三是核算概念存在差异。会计核算按历史成本核算，虽然保证了其客观性，简便易行，但难以反映通货膨胀等因素的影响。而国民经济核算考虑了机会成本，对各种交易的处理更有现实性。当存在通货膨胀时，由于会计核算与国民经济核算对生产中使用的资产和货物估价方法不同，使同一交易的核算结果不一致。比如，按历史成本估价生产投入，会计核算的利润也许比国民经济核算中的营业盈余要大得多，为了避免混淆，国民经济核算使用“营业盈余”术语表述，而没有直接采用会计核算的“利润”概念。四是部分核算内容存在差异。会计核算的内容是一个经济实体内能以货币计量的经济交易。国民经济核算的范围是经济主体的经济活动，其核算内容要比会计广泛得多，如自然资源与人力资本实物量核算显然不是目前会计核算的内容。

10. 生产的概念和范围

生产是在机构单位负责、控制和管理下，利用劳动和资本等要素，将一些货物和服务投入转化为另一些货物和服务产出的过程。

我国国民经济核算的生产范围包括以下四部分：一是生产者提供或准备提供给其他单位的货物或服务的生产；二是生产者用于自身最终消费或固定资本形成的所有货物的自给性生产；三是生产者为了自身最终消费或固定资本形成而进行的知识载体产品的自给性生产，但不包括住户部门所从事的类似活动；四是自有住房为房屋所有人提供的自给性住房服务，以及有酬家庭服务人员提供的家庭和个人服务的自给性生产。其中，知识载体产品指为使消费单位能够重复获取知识，而提供、存储、交流和发布的各种信息、咨询和娱乐产品，包括一般或专业信息、新闻、咨询报告、电脑程序、电影、音乐等产品。

11. 基本价格、生产者价格、购买者价格的经济内涵

市场价格是市场上买卖双方认定的成交价格，可以记录为基本价格、生产者价格和购买者价格。

基本价格，是生产者将自己生产的货物或服务出售给购买者时获得的，扣除了生产或销售时应付的所有税，再加上所获得的所有补贴后的金额。不包括商业毛利和货物离开生产单位后发生的运输费用。

生产者价格，是生产者生产的每单位货物或服务产出从购买者那里所获得的价值，但不包括其中向购买者开列的增值税，也不包括向购买者收取的运输费用。生产者价格等于基本价格加上除增值税之外的产品税，减去产品补贴。

购买者价格，是购买者购买单位货物或服务所支付的价值，但不包括所有可抵扣的增值税，等于生产者价格加上不可抵扣的增值税、商业毛利和购买者为取得货物所发生的运输费用。

2008 年 SNA 中阐述的三者之间的关系是：

生产者价格＝基本价格＋产品税(不包括增值税)－产品补贴

购买者价格＝生产者价格＋不可抵扣的增值税＋运输费用和商业毛利

上述关于基本价格、生产者价格和购买者价格的定义，是 2008 年 SNA 的规定。在我国目前的核算实践中，采用生产者价格核算行业总产出和增加值，但我国生产者价格实际上与上述定义有所不同，生产者向购买者开列的不可抵扣的增值税包括在生产者价格中，购买者价格对于增值税也做相应处理，即：

我国生产者价格＝基本价格＋产品税(包括不可抵扣的增值税)－产品补贴

我国购买者价格＝我国生产者价格＋运输费用和商业毛利

这样处理的主要原因在于，如果生产者价格不包括增值税(增值税属于价外税)，那么在核算三次产业和各行业增加值时，都将不包括增值税，需要单独一笔列示，这样国内生产总值等于三次产业或各行业增加值之和再加上增值税，三次产业或各行业增加值相加不等于国内生产总值。这种处理方法与我国社会各界长期以来对国内生产总值分产业分行业结构数据的认知相悖，也不易与一些中长期规划中设定的第三产业比重等目标衔接。需要指出的是，在进行产业结构数据的国际比较时，需要注意我国各产业和各行业增加值中包括增值税，有些国家则不包括，直接比较不完全可比。

12. 国民经济核算中的未观测经济

2008 年 SNA 定义的未观测经济是指由于某种原因，在常规统计调查中未被观测到的活动。这些原因可能是：

明确属于 SNA 生产范围的合法活动，但生产者要掩盖它。如出于逃税、不支付社会保障、避免遵从法定标准（比如最低工资、最长工时、安全或卫生标准）、不想按照行政管理程序去做（不想填各种报表）等目的，生产者试图对政府隐瞒这些活动而不报告生产情况。

非正规的生产活动，未被纳入面向正规生产活动开展的调查。非正规生产指非正规部门从事的货物和服务的生产活动。非正规部门是指那些生产活动规模较小且通常没有经过正式注册的生产单位的集合，通常不在调查覆盖范围内。

可能是一项非法活动。非法生产主要有两类，一是被法律禁止使用或持有的货物和服务的生产，如毒品制售；二是生产活动本身合法，但由于生产者未经许可而成为非法活动，如未获得行医许可的人员从事的医疗活动。只要生产过程真实，产出的货物和服务具有有效市场需求，即使其为非法生产，也应该包括在 SNA 的生产范围之内，如麻醉品的制造和销售；货物走私、人口偷渡等非法运输。

在现实社会中未观测经济是普遍存在的情况。为提高 GDP 数据质量，确保 GDP 核算的完备性与国际可比性，为相关的政策分析与实施提供可靠的依据，有必要将未观测经济纳入国民经济核算的范围之内。否则，就有可能对政府的税收政策、政府对经济增长与经济结构及其变动的把握、政府对就业市场的判断、政府对行业的监管力度、国际会费的支付、国际援助的获得等方面造成误导。

目前，我国将一部分未观测经济活动纳入 GDP 核算范围。例如，在经济普查年度利用个体户调查资料，对从事经营活动但是没有取得营业执照的个体经营户进行核算。对于非法活动等，由于基础数据获得困难，暂时没有纳入 GDP 核算。这与世界上大多数国家的处理方法是类似的。

13. 数据公布特殊标准对国民经济核算数据的要求

数据公布特殊标准(Special Data Dissemination Standard,简称SDDS),是国际货币基金组织(IMF)为提高成员国数据的透明度,推动成员国建立完善的统计制度而提出的一种数据标准倡议。IMF于1996年确立了SDDS,由IMF成员国自愿决定是否接受SDDS。2013年6月,由中国人民银行协调国家统计局、财政部、国家外汇管理局和海关总署正式启动采纳SDDS进程。2015年10月我国正式采纳SDDS,成为SDDS接受国。

SDDS明确了数据公布四个方面的最佳做法——数据覆盖范围、频率和时效、公众可得性、真实性和质量。SDDS要求接受国公布涵盖实体、财政、金融和对外等四个部门的主要指标数据。实体部门的主要指标包括:国民经济核算、生产指数、劳动力市场(包括就业率、失业率、工资/收入及其相关指标)、消费者价格指数以及工业生产者价格指数;财政部门的主要指标包括:广义政府运营或公共部门运营、中央政府运营以及中央政府债务;金融部门的主要指标包括:存款类公司概览、中央银行概览、利率以及股票市场的股票价格指数;对外部门的主要指标包括:国际收支、官方储备资产、国际储备和外币流动性、商品贸易、国际投资头寸、外债以及汇率。同时,SDDS要求公布相关的数据诠释(统计制度方法)和数据发布时间。

由于各国经济结构和制度安排上的差异,SDDS在各国数据发布的频率和时效方面作了灵活性规定,允许接受国至多对两类指标使用灵活性选项。我国在劳动力市场和广义政府运转这两类指标暂且选择了灵活性选项。

SDDS对国民经济核算的要求主要有:国民经济核算数据应按季度公布,且需采用分季形式,时滞为一个月之内。国内生产总值需按照主要支出类别或者生产部门(行业)进行核算。SDDS 还要求公布基于现价和不变价的核算数据,以及相关的隐含缩减指数,在这三个项目之中,至少应该公布两个。SDDS 鼓励对两种方法核算的国内生产总值都予以公布。鼓励各国在进行国内生产总值核算时,参照 2008 年 SNA 或者 1993 年 SNA 的规定制定本国核算方法。

第二章
国内生产总值核算

第二章　国内生产总值核算

14. 国内生产总值核算的主要内容与核算方法

国内生产总值(Gross Domestic Product,缩写为 GDP)核算的主要内容是 GDP 的生产核算和使用核算。通过 GDP 核算,可以综合描述经济活动从产品生产到收入形成、最终使用的整个过程。

GDP 核算有三种基本方法,即生产法、收入法和支出法。三种核算方法分别从不同角度对 GDP 进行核算,为反映国民经济运行情况提供了多角度的数据和分析方法。我国通常将生产法和收入法统称为 GDP 的生产核算,支出法称为 GDP 的使用核算。生产法是从生产过程创造新增价值的角度,衡量生产活动最终成果的方法。生产法 GDP 等于总产出减去中间投入,即从生产过程创造的货物和服务价值中,扣除生产过程中投入的中间货物和服务价值。收入法是从生产过程形成收入的角度,反映生产活动最终成果的方法。收入法 GDP 等于劳动者报酬、生产税净额、固定资产折旧、营业盈余四个部分之和。支出法是从货物和服务最终使用的角度,核算生产活动最终成果的方法。支出法 GDP 等于最终消费支出、资本形成总额、货物和服务净出口三个部分之和。

目前,我国 GDP 核算以生产法和收入法核算为主,同时也开展支出法核算。世界其他国家一般也是以某一种方法为主,辅之以其他方法。例如,俄罗斯、印度、韩国等国家以生产法为主,美国、日本、德国等国家以支出法为主。

15. 国内生产总值核算分类

国内生产总值(GDP)生产核算采用两种分类方式,一是依据中国国民经济行业分类标准进行分类，二是依据三次产业划分标准进行分类。GDP 使用核算采用产品分类。

GDP 生产核算的第一种分类是国民经济行业分类。目前采用 2017 年颁布的《国民经济行业分类(GB/T 4754－2017)》。在常规年度核算中采用两级分类。第一级分类以国民经济行业分类中的门类(除 T 门类的国际组织)为基础，分为农、林、牧、渔业，采矿业，制造业，电力、热力、燃气及水生产和供应业，建筑业，批发和零售业，交通运输、仓储和邮政业，住宿和餐饮业，信息传输、软件和信息技术服务业，金融业，房地产业(含居民自有住房服务)，租赁和商务服务业，科学研究和技术服务业，水利、环境和公共设施管理业，居民服务、修理和其他服务业，教育，卫生和社会工作，文化、体育和娱乐业，公共管理、社会保障和社会组织等 19 个门类。其中，采矿业，制造业，电力、热力、燃气及水生产和供应业合称为工业。第二级分类基本上采用国民经济行业分类中的大类，其中，房地产业分到行业中类，并增加居民自有住房服务；公共管理、社会保障和社会组织分为公共管理和社会组织、社会保障 2 类。

GDP 生产核算的第二种分类是三次产业分类，依据国家统计局 2012 年制定的《三次产业划分规定》和 2018 年发布的《国家统计局关于修订＜三次产业划分规定(2012)＞的通知》，调整国民经济行业分类而成，分为第一产业、第二产业和第三产业。第一产业是指农、林、牧、渔业(不含农、林、牧、渔专业及辅助性活动)；第二产业是指采矿业(不含开采专业及辅助性活动)，制造业(不含金属制品、机械和设备修理业)，电力、热力、燃气及水生产和供应业，建筑业；第三产业即服务业，是指除第一产业、第二产业以外的其他行业(不含国际组织)。

GDP 使用核算采用产品分类。以《统计用产品分类目录》为基础，GDP 使用核算采用两级分类。第一级分类分为最终消费支出、资本形成总额、货物和服务净出口。第二级分类将最终消费支出细分为居民消费支出和政府消费支出，将资本形成总额分为固定资本形成总额和存货变动，将货物和服务净出口分为货物净出口和服务净出口。

16. 知识产权产品核算

知识产权产品是2008年SNA引入的一个重要概念，并将其作为一类重要的生产资产。知识产权产品是研究、开发、调查或者创新的成果，研发者能够通过出售这些成果，或者在生产中使用这些成果获得利益，而这些成果由于法律或其他保护手段，其使用是受到限制的。

知识产权产品包括五个类别：研究与开发，矿藏勘探与评估，计算机软件与数据库，娱乐、文学和艺术品原件，其他知识产权产品。

理论上，知识产权产品的价值应该按照它未来预期可提供的经济利益来决定，在实际核算时，如果能够得到知识产权产品的市场价值，就以市场价估价，否则以成本法估价。

随着经济社会的发展和国际核算标准的更新，我国知识产权产品核算不断发展完善。2004年，我国开始对矿藏勘探和计算机软件的固定资本形成总额进行核算，2016年将研发支出纳入资本形成总额核算。2019年，进一步扩展核算范围、完善核算方法，在原有研发支出、矿藏勘探、计算机软件核算基础上，将部分娱乐文学作品原件纳入固定资本形成总额核算，并对GDP历史数据进行了修订。

17. 研发支出核算方法改革

研究与开发，也称研究与试验发展，简称研发（R&D），是指为增加知识储量所进行的一系列创造性工作，包括有关人类、文化和社会的知识，以及利用这些知识储备来设计新的应用。

在实际生产活动中，研发成果的使用周期较长，能够为所有者带来经济利益，具有固定资产的属性。但是在过去，由于研发活动在推动世界各国经济增长方面的作用未充分显现，同时由于研发活动成果难以测度，国民经济核算国际标准和各国实践都将研发支出作为中间投入处理，未能充分体现研发活动对经济增长所作的贡献。20 世纪 90 年代以来，随着科技的日益发展，研发活动成为推动科技创新和经济发展的重要力量，世界各国尤其是发达国家越来越重视研发活动，研发支出快速增长，对各国经济增长尤其对发达国家经济增长发挥了越来越大的作用，研发成果的固定资产属性越来越明显。同时，研发统计基础日益扎实，特别是部分发达国家建立了研发核算卫星账户，对研发支出资本化进行了积极探索，核算方法逐渐成熟。

2008 年 SNA 引入了知识产权产品概念，拓展了固定资产的边界，将能够为所有者带来经济利益的研发成果视为知识产权产品列入固定资产。同时，修订了 GDP 核算方法，将相应的研发支出由中间投入改计为固定资本形成，不再将研发活动作为辅助活动，而是作为次要活动进行核算。2008 年 SNA 颁布后，世界主要国家纷纷响应，先后实施新的国际标准，在 GDP 中客观地反映研发活动应有的经济价值。我国也根据新的核算方法，于 2016 年实施了研发支出核算方法改革，并对 1952 年以来 GDP 历史数据进行了修订。

18. 国内生产总值中不核算无酬家务劳动

根据 2008 年 SNA 和《中国国民经济核算体系（2016）》关于生产范围的界定，无酬家务劳动属于住户成员为自身最终消费而进行的服务，不将其纳入国民经济核算的生产范围。这样处理，主要有以下几方面原因。一是这些活动与市场是相对分离和独立的，因而难以受到宏观经济政策的影响，反过来也不能明显影响宏观经济政策的制定。二是在统计实践中很难对家务劳动进行准确统计，更难以估计家务劳动的经济价值。三是无酬家务劳动数量巨大，而又变化很小，若将无酬家务劳动纳入生产范围，会使得其他生产活动的变化情况被忽略，无法灵敏地反映经济运行情况。另外，将无酬家务劳动纳入生产范围，也会影响到劳动力和就业统计中对经济活动人口范围的界定。

目前，国际通行的国民经济核算标准没有将无酬家务劳动纳入生产范围，因此国内生产总值（GDP）不对其进行核算。但付酬的家务劳动（家政服务活动）属于生产核算的范畴，应纳入 GDP 核算。

19. 国内生产总值中不核算土地出让收入、股票交易收入

根据 2008 年 SNA 和《中国国民经济核算体系（2016）》对生产范围的界定，在土地出让活动、个人股票交易活动中，由于没有新的货物和服务被创造出来，因此这类活动本身不属于生产活动范围，所获得的收入不应计入国内生产总值（GDP）。在国民经济核算中，通过土地出让、股票交易获得的收入应当作为资产处置活动的结果在资产负债核算中予以反映。

需要注意的是，为土地出让、股票交易等活动提供服务的机构如土地交易中介机构、证券公司等，其服务活动属于生产活动，应该计入 GDP。

20. 居民自有住房服务纳入国民经济核算范围

将居民自有住房服务纳入国民经济核算范围，主要有两个方面的原因。

一是居民自有住房服务属于生产范围。住宅，无论是房主自有自住，还是在市场上出租他人居住，都应作为资产进行记录。作为一种资产，所有的住宅都会产生住房服务，该服务应包括在生产范围内，相应的增加值应计入 GDP。房屋所有者在房屋使用期内自己居住，就会产生住房服务，这种服务是自有住房者的一种自给性生产活动，其住房服务被自己所消费。就是说，居民自有住房尽管没有发生实质的租赁行为，但它提供的住房服务价值与居民租赁住房所产生的住房服务价值本质上是相同的，都可以用居民为获取住房服务所应支付的租金价值来计量。从生产角度讲，居民自有住房服务价值应记录为住宅所有者提供的住房服务总产出，从使用角度讲，居民自有住房服务价值应记录为住宅所有者享受住房服务的最终消费支出。

二是有利于国际比较和跨期比较。在不同国家之间或同一个国家的不同地区之间，甚至在同一国家或地区的不同时期，自有住房与租用住房的比率都可能存在较大差异。如果仅核算租赁住房服务价值而不虚拟计算自有住房服务价值，由于自有住房比率不同将会导致住房服务价值在不同国家和不同时期不可比，甚至造成数据与经济现实的背离。例如，对于两个住房总量相同的国家，自有住房比率高的国家一般来说可享受更多更好的住房服务，但由于租赁住房比率低，其住房服务价值反而会较低。如果不对自有住房服务进行虚拟计算，将会降低 GDP 数据的国际可比性和跨期可比性。

21. 国内生产总值中居民自有住房服务核算方法

由于居民自有住房服务没有发生实际的租赁行为，也不存在实际市场价格，因此需要虚拟计算其服务价值。目前世界各国会根据本国国情采用不同方法核算居民自有住房服务价值，主要分为租金法和成本法。租金法，是指利用租用相似大小、位置、质量和类型的房屋所支付的租金来核算居民自有住房服务价值的方法。成本法，是指用当期自有住房的成本来核算居民自有住房服务价值的方法，自有住房的成本包括折旧、维修维护费、资金成本和房产税等，并根据住房可能获得的收益进行相应的调整。

目前，我国居民自有住房服务采用成本法核算，按城镇居民和农村居民分别核算。其中，城镇居民自有住房服务价值的核算方法是，首先利用城镇住宅单位面积造价和自有自住住房建筑面积等资料测算出全国城镇居民住房总价值，然后按使用年限计算住房折旧，再加上修理维护费、物业管理费等中间投入，得到城镇居民自有住房服务价值，即城镇居民自有住房服务总产出。农村居民自有住房服务价值的核算方法类似，只是住房折旧率因城乡住房质量不同而有所差别，且没有物业管理费。居民自有住房服务的增加值，只包括了住房折旧价值，不虚拟计算劳动者报酬、生产税净额和营业盈余。

22. 按生产法与支出法核算的国内生产总值数据不完全一致

生产法国内生产总值（GDP）与支出法 GDP 是从不同角度对同一经济总体同一时期生产活动最终成果的测定。生产法 GDP 从常住单位在生产过程中创造新增价值的角度，衡量生产活动最终成果，即从生产过程中创造的货物和服务价值中，扣除生产过程中中间投入的货物和服务价值，得到增加值。支出法 GDP 从货物和服务最终使用的角度，衡量所有常住单位一定时期内生产活动最终成果，等于最终消费支出、资本形成总额和净出口三部分之和。

从理论上讲，由于同一经济总体的最终产品供给总量与使用总量是相等的，所以两者的核算结果应当一致。但实际上，由于资料来源和核算方法不同，计算结果通常会有差异。生产法 GDP 是根据国民经济各行业的企业、非企业单位、个体经营户的财务统计资料和其他相关统计资料，以总产出扣除中间投入后形成的增加值核算的。支出法 GDP 是根据社会消费品零售总额、城乡居民消费支出、政府经常性经费支出、固定资产投资完成额、企业存货变动、进出口贸易及国际收支等统计和会计资料核算的。生产法 GDP 和支出法 GDP 之间的差异在一定的数值范围内是可以接受的，符合国际惯例。多数国家生产法 GDP 和支出法 GDP 数据差异在 1% 以内。

23. 金融业产出核算的特殊性

金融业产出核算的特殊性主要来自金融业特殊的收费方式。在经济活动中，金融服务费可能是直接收取的，也可能是通过隐含的方式间接收取的。例如，存款人向银行存入一笔存款，银行向存款人提供了存款服务，但并没有向存款人直接收取服务费用；保险机构提供保险服务，所收取的保费只是保单的价格，并不是保险服务本身的价格。

金融业特殊的收费方式使其产出核算比其他行业更为复杂。对于直接收取服务费的部分，产出核算可以采用与其他行业相同的方法进行核算，但对于间接收取服务费的部分，则需要采用一定的方法进行估算。金融业产出核算的特殊性主要体现在如何估算间接收费的金融服务产出上。

在国民经济核算实践中，需要根据各种金融活动的特点采用不同的核算方法。例如，货币金融服务企业总产出等于直接收费的金融服务产出加上间接计算的金融中介服务（FISIM）产出。其中，直接收费的金融服务产出，可以直接使用服务价格计算；FISIM 则需要采用 2008 年 SNA 推荐的参考利率法间接估算。保险业总产出包括寿险服务总产出和非寿险服务总产出。其中，寿险服务产出等于实收保费加上追加保费（即投资收益），加上寿险准备金的变动，再减去赔付支出；非寿险服务产出等于实收保费加上追加保费，再减去调整后已生赔付。

24. 非营利性服务业产出核算

政府部门、科研机构、学校等属于非营利性服务业，这类机构提供的行政管理、科学研究、教育等服务，一般是免费或以没有显著经济意义的价格提供的。也就是说，其生产活动主要是非市场性的。在提供服务的过程中，这类机构的经费主要来源于国家财政拨款、事业收入和其他赞助，或许有部分营业收入，但无法弥补自身经营活动成本。仅用营业收入核算总产出是不全面的，无法准确反映这类机构生产活动的价值。因此，这类服务活动的总产出不能直接以营业收入（或仅以营业收入）来核算。根据 SNA 的推荐，一般采用成本法核算，即根据这类机构提供服务过程中的业务活动成本来估计总产出，再以此为基础核算增加值。

25. 劳动者报酬与中间投入的区分

劳动者报酬指劳动者从事生产活动应获得的全部报酬，主要包括工资、奖金、津贴和补贴，单位为其员工缴纳的社会保险费、补充社会保险费和住房公积金、行政事业单位职工的离退休金、单位为其员工提供的雇员股票期权及其他各种形式的报酬和福利等，既包括货币形式的报酬，也包括实物形式的报酬。

中间投入是指常住单位在生产过程中消耗和使用的货物和服务的价值，但不包括消耗的固定资产价值。中间投入反映了用于生产过程中的转移价值。

劳动者报酬不属于中间投入，而是增加值的一部分，但有一些实物形式的劳动者报酬与中间投入的概念容易产生混淆，要加以区分。区分是否属于劳动者报酬的原则是，判断单位向劳动者提供的货物和服务是否主要用于生产活动。生产单位为了生产能正常进行而为劳动者提供的货物和服务，如特殊工种所需的服装或鞋帽，属于中间投入，不属于劳动者报酬。如果生产单位向从事生产活动的劳动者提供的货物和服务主要满足劳动者在工作之外的需要，那么这部分货物和服务就属于劳动者的实物报酬。

26. 国民经济核算中劳动者报酬与劳动工资统计中工资总额的区别

劳动者报酬指劳动者从事生产活动应获得的全部报酬，主要包括工资、奖金、津贴和补贴，单位为其员工交纳的社会保险费、补充社会保险费和住房公积金、行政事业单位职工的离退休金、单位为其员工提供的雇员股票期权及其他各种形式的报酬和福利等，既包括货币形式的报酬，也包括实物形式的报酬。个体经济活动中自雇者的混合收入很难区分哪些属于劳动者报酬，哪些属于营业盈余，在实际核算中，将混合收入的一定比例作为劳动者报酬，其余作为营业盈余。

工资总额指各单位在一定时期内直接支付给本单位全部就业人员的劳动报酬总额。包括工资、奖金、津贴和补贴、加班加点工资、特殊情况下支付的工资，既包括货币形式也包括实物形式，是在岗职工工资总额、劳务派遣人员工资总额和其他就业人员工资总额之和。工资总额是税前工资，包括单位从个人工资中直接为其代扣或代缴的个人所得税、社会保险基金和住房公积金等个人缴纳部分，不包括单位支付的社会保险金、住房公积金、员工福利等其他费用。

从两者的概念和内容可以看出，我国劳动工资统计中的工资总额是劳动者报酬的一部分。

劳动者报酬与工资总额的区别主要有三个方面：

一是统计涉及的对象不同。目前，我国工资统计只对城镇地区法人单位的就业人员进行统计，不包括城镇地区法人单位中的离休、退休、退职人员，也不包括个体经济活动中的从业人员等。而劳动者报酬涉及的对象比较宽泛，不仅包括工资统计范围内就业人员，还包括个体经济所有者及从业人员，以及农村住户生产农产品（出售或自用）所形成的劳动者报酬等。

二是两者在内容上有较大的区别。劳动者报酬主要由三部分构成：第一部分是劳动者因从事生产活动所获得的现金或实物形式的工资和薪金，其中包括奖金、津贴，单位为其代扣或代缴的个人所得税、社会保险基金和住房公积金等个人缴纳部分，以及单位为职工居住而支付的房费、水电费等。第二部分是单位为使其劳动者获得社会福利而向社会保险计划支付的社会保险费，为其缴纳的住房公积金及支付的福利性收入等。第三部分包括一些杂项报酬，如列入出差费用中的职工出差交通伙食补助，劳动者从外单位获得的稿费、讲课费等劳务收入。这三部分都是劳动者报酬的内容，而二、三项收入未包含在工资总额中。

三是统计方法不同。工资总额根据单位的人事、财务资料加工得到；劳动者报酬除了根据法人单位财务统计资料进行核算外，还要利用其他统计和调查资料补充计算个体经济所有者及从业人员所获得的劳动报酬、以及农村住户生产农产品所形成的劳动报酬等。

27. 国内生产总值中的固定资产折旧

固定资产折旧在国民经济核算中是指固定资本消耗，即由于自然退化、正常淘汰或损耗而导致的固定资产价值下降。在国民经济核算中有国内生产总值（GDP）和国内生产净值（NDP）两个概念，其中，GDP 包含固定资产折旧，NDP 不包含固定资产折旧。从理论上讲，使用 NDP 更能反映各行业增加值之和，因为增加值是指新创造的价值，而固定资产折旧并不是新创造的价值，而是以前创造的固定资产因用于生产过程逐渐减少的价值，因此增加值理应不含固定资产折旧。但在实际中，通常使用包含固定资产折旧的 GDP，主要原因在于固定资产折旧的核算存在较大难度。

SNA 中的固定资产折旧与会计核算中的固定资产折旧虽然名称相同，但二者存在较大区别，无法直接使用会计核算中的固定资产折旧。SNA 中的固定资产折旧需要对固定资本存量的现值、不同类型资产的使用寿命以及折旧模式等进行估计，这在实践上都存在较大的难度。此外，各个国家的估计方法可能不一样，会影响核算结果的国际可比性。鉴于固定资产折旧核算的难度和核算方法的不一致，若将 GDP 中扣除固定资产折旧，会影响 GDP 的数据质量和国际可比性。所以，GDP 中包含固定资产折旧。

28. 生产税的定义与核算范围

生产税指政府对生产单位从事生产、销售和经营活动，以及因从事生产活动使用某些生产要素（如固定资产和土地等）所征收的各种税收、附加费和其他规费。生产税分为产品税和其他生产税。

产品税是指政府对生产单位在生产、销售、转移、出租或交付货物和服务过程中征收的税收，或者对生产单位以自身消费或资本形成为目的使用货物和服务而征收的税收，产品税按价值或数量征收。按照 SNA 的规定，在进出口环节征收的税收属于产品税范畴。我国的税收种类中，增值税（包括海关代征增值税）、消费税（包括海关代征消费税）、城市维护建设税、土地增值税、关税、船舶吨税、烟叶税等属于产品税范畴[①]。

其他生产税指除产品税以外，企业因从事生产活动而应缴纳的所有税收，即因在生产中使用土地、建筑、其他资产等而应缴的税收。我国的税收种类中，房产税(扣除个人缴纳部分)、印花税(扣除个人缴纳部分)、城镇土地使用税、车船税(扣除个人缴纳部分)、车辆购置税(扣除个人缴纳部分)、耕地占用税、契税(扣除个人缴纳部分)、环境保护税等属于其他生产税。

不属于生产税范畴的税收主要包括所得税、资源税，以及证券交易印花税、房产税、契税、车辆购置税、车船税等税收中个人缴纳的部分。企业所得税、个人所得税是在收入分配环节征收的税，因此不属于生产税范畴。资源税本质上是一种地租，即政府将资产交由其他机构单位在特定时期内处置所得的回报，属于财产收入，不属于生产税范畴。证券交易印花税中个人买卖股票所缴纳的部分，房产税、契税中个人居住或买卖住宅所缴纳的部分，车辆购置税、车船税中个人购置或持有车船所缴纳的部分，都不属于生产税范畴，原因是个人持有或买卖股票、房产、车辆等不属于生产活动。

29. 生产补贴的定义与核算范围

生产补贴是政府为影响生产单位的生产、销售及定价等生产活动而对其提供的无偿支付。与生产税类似，生产补贴分为产品补贴和其他生产补贴。产品补贴是指生产单位生产、销售、转移、出租或交付自己产出的货物服务，或者对以自身消费或资本形成为目的使用货物和服务而得到的补贴，以及货物和服务进出口时所得到的补贴，产品补贴按价值或数量发放。大部分生产补贴都是产品补贴，如农业补贴、政策亏损补贴、进口补贴等。其他生产补贴是指产品

① 营改增之前，营业税也属于产品税。

补贴以外的、常住企业因参与生产所应得的补贴，如财政支出中的污染防治补贴。在国民经济核算中，生产补贴作为负生产税处理。

30. 房地产业增加值与房地产开发投资的关系

房地产业增加值和房地产开发投资是反映房地产生产活动的两个指标。两者之间具有密切联系，又存在明显的区别。

房地产业增加值衡量的是房地产开发经营、物业管理、房地产中介服务等房地产活动，城乡居民自有住房服务以及单位和居民的房屋租赁等活动创造的增加值。房地产开发投资指各种登记注册类型的房地产开发公司、商品房建设公司及其他房地产开发法人单位从事房地产开发或经营活动有关的费用。从定义上看，房地产业增加值和房地产开发投资都是反映房地产活动规模的总量指标，两者具有相辅相成的作用：当房地产开发投资规模扩大后，房地产开发和房屋管理服务活动的总产出就会加大，房地产业增加值也会相应扩大。但是，房地产业增加值和房地产开发投资之间也存在明显的差异。

一是指标性质不同。房地产业增加值属于核算指标，是根据统计调查资料、行政记录资料等不同来源的基础数据核算得到的。如果存在基础数据不能满足核算需求的情况，核算过程中还要采用适当的方法进行推算。房地产开发投资是一个统计指标，是通过对房地产开发企业填报的财务指标直接汇总得到的，一般不需要进一步加工计算。

二是范围不同。房地产开发投资的统计范围只包括房地产开发企业的经营活动，主要统计对象是各种建设、拆迁还建的住宅、厂房、仓库、饭店、宾馆、度假村、写字楼、办公楼等房屋建筑物和配套的服务设施，土地开发工程（如道路、给水、排水、供电、供热、通讯、平整场地等基础设施工程）等活动（不包括单纯的土地开发和交易活动)。房地产业增加值的核算范围不仅包括房地产开发企业的经营活动,还包括与房屋有关的管理和服务活动,具体包括:房地产开发企业进行的房屋、基础设施建设等开发,以及转让房地产开发项目或者销售房屋等活动;物业服务企业按照合同约定,对房屋及配套的设施设备和相关场地进行维修、养护、管理,维护环境卫生和相关秩序的活动;房地产中介提供的房地产咨询、房地产价格评估、房地产经纪等活动;各类单位和居民住户的营利性房地产租赁活动,以及房地产管理部门和企事业单位、机关提供的非营利性租赁服务,包括体育场地租赁服务;住房公积金缴存、提取、贷款、管理服务、保障性住房受理服务等其他未列明的房地产服务;城乡居民自有住房服务。

三是方法不同。房地产业增加值核算的是生产过程中创造的增加值。它主要利用企业会计资料、部门资料和有关的统计资料,按生产法或收入法核算。房地产开发投资统计的是企业在房屋建筑物、配套服务设施和土地开发工程等活动中的全部费用,通过房地产开发企业填报报表的方式进行统计。

31. 固定资本形成总额与全社会固定资产投资完成额的关系

固定资本形成总额是指常住单位在核算期内固定资产获得减处置的价值总额。固定资产是通过生产活动生产出来的,且使用年限在一年以上,单位价值在规定标准以上的资产。固定资本形成总额包括住宅、其他建筑和构筑物、机器和设备、培育性生物资源、知识产权产品等固定资产的获得减处置和非生产资产所有权转移费用等。全社会固定资产投资完成额是指以货币形式表现的,在一定时期内全社会建造和购置固定资产的工作量以及与此有关的费用总称。全社会固定资产投资完成额是计算固定资本形成总额的重要基础资料。二者的区别主要体现在以下几方面。

一是范围不同。一方面，有些固定资本形成总额并未纳入全社会固定资产投资完成额统计范围，例如，总投资500万元以下的建设项目完成的投资，未经过正式立项的土地改良支出，知识产权产品固定资本形成，非生产资产的所有权转移费用等，这些都没有纳入全社会固定资产投资完成额统计中，在核算固定资本形成总额时需要加以补充。另一方面，全社会固定资产投资完成额中还包括购买旧建筑、旧设备的价值和土地购置费，这些内容不是核算期内所增加的固定资产，因此核算固定资本形成总额时需要将其扣除。

二是指标性质不同。固定资本形成总额是一个核算指标，在核算全国固定资本形成总额时，除了按照上述范围口径差异对全社会固定资产投资额进行调整外，还要利用建筑业总产值、建筑业营业税、钢材生产量、水泥生产量、大型机器设备生产量、机器设备增值税抵扣额等相关资料，对全社会固定资产投资额进行评估和调整。而全社会固定资产投资额是一个统计指标，是根据统计调查资料进行汇总得到，一般不进行调整。

32. 居民消费支出与社会消费品零售总额的关系

居民消费支出指常住住户为了直接满足生活需要在国内外市场上购买和使用货物及服务的消费支出，包括直接用货币购买的货物和服务，也包括通过实物报酬形式得到的货物和服务以及居民自产自用的货物，还包括虚拟计算的自有住房服务和间接计算的金融中介服务。

社会消费品零售总额是指企业(单位、个体户)通过交易直接售给个人和社会集团非生产、非经营用的实物商品金额，以及提供餐饮服务所取得的收入金额。个人包括城乡居民和入境人员，社会集团包括机关、社会团体、部队、学校、企事业单位、居委会或村委会等。

二者的联系主要表现为，社会消费品零售总额中销售给居民的部分直接构成居民消费支出中的货物消费及餐饮服务消费，是计算居民消费支出的资料来源之一。

二者的区别主要表现在五个方面：一是居民消费支出不仅包括居民对货物的最终消费支出，还包括对服务的最终消费支出，社会消费品零售总额中仅统计货物零售和餐饮服务消费，不包括除餐饮服务外的其他服务消费。二是居民消费支出包括住户以实物报酬形式获得的货物和服务以及其他虚拟消费支出，社会消费品零售总额只统计以货币形式实现的商品交易。三是居民消费支出核算我国常住住户在国内和国外的最终消费支出，社会消费品零售总额统计的是常住住户和非常住住户在我国境内所购买的消费品。四是社会消费品零售总额中包括售给机关、团体、学校、部队、企业、事业单位等社会集团的各种办公用品等，居民消费支出中不包括。五是社会消费品零售总额中包括居民自建房用建筑材料，居民消费支出不包括。

33. 居民消费支出与住户调查中的居民人均消费支出的关系

国民经济核算中的居民消费支出是一个宏观核算指标，是指常住住户为了直接满足生活需要在国内外市场上购买和使用货物及服务的消费支出，包括直接用货币购买的货物和服务，还包括通过实物报酬形式得到的货物和服务，居民自产自用的货物，以及虚拟计算的自有住房服务和间接计算的金融中介服务支出等。

住户调查中的居民人均消费支出是一个微观调查指标，是指住户用于满足家庭日常生活消费需要的全部支出，包括八大类支出，分别是食品烟酒、衣着、居住、生活用品及服务、交通通信、教育文化娱乐、医疗保健、其他用品及服务支出。

国民经济核算中的居民消费支出与住户调查中的居民人均消费支出有密切的联系。两者在概念上非常相近，在数据趋势上高度相关。同时，住户调查中的居民人均消费支出还是国民经济核算中测算居民消费支出的重要基础资料。

两者的区别主要有以下三个方面：

一是指标性质不同。国民经济核算中的居民消费支出反映居民总体消费情况，是一个总量指标；住户调查中的居民人均消费支出是统计调查指标，通过搜集所有调查户的消费调查资料加工汇总计算得到，反映居民消费的平均水平，是一个人均指标。

二是指标口径不同。国民经济核算中的居民消费支出除包括住户调查中前述八大类支出外，还包括间接计算的金融中介服务支出和保险服务支出，而住户调查中的居民人均消费支出不包含这两类支出。

三是资料来源不同。国民经济核算中的居民消费支出是以住户调查和人口调查资料为基础，再参照金融统计等其他资料对金融中介服务支出等一些间接计算和虚拟计算项目进行补充，得到全部居民消费支出；而住户调查中的居民人均消费支出是根据调查户消费调查结果和常住人口计算的。

34. 政府消费支出核算

政府消费支出指广义政府部门为全社会提供的公共服务的消费支出，以及免费或以不具有显著经济意义的价格向居民住户提供的货物和服务的净支出。公共服务是社会公众能够非排他、无竞争和共同从政府部门获得的服务，主要包括安全和国防、法律和秩序的维护、立法和制定规章条例、环境保护等。政府消费支出等于广义政府部门总产出减去用于广义政府部门自身资本形成的产出，再减去出售货物和服务收入，然后加上向市场生产者购买并免费或以无显著经济意义价格转移给住户的货物和服务价值。

根据现有资料状况，我国政府消费支出在具体核算时，首先利用全国预算单位支出决算明细表经济分类中的工资福利支出、商品和服务支出以及对个人和家庭的补助中的离休费、退休费、退职（役）费、医疗费、住房公积金等项目，核算财政经常性支出，然后再按照上述定义，对其进行市场性收入和固定资产折旧等方面的调整，最后得到政府消费支出。

35. 实际最终消费与最终消费支出的关系

实际最终消费是指核算期内常住单位实际获得的用于满足个人或公共需求而使用的货物和服务，分为居民实际最终消费、政府实际最终消费和为住户服务的非营利机构实际最终消费。居民实际最终消费指常住住户获得的用于消费的货物和服务价值，它等于居民自身承担的消费性货物和服务支出（即居民最终消费支出）加上广义政府部门和为住户服务的非营利机构以实物社会转移形式向居民提供的消费性货物和服务支出。政府实际最终消费指广义政府部门向全社会提供的公共服务的价值，它等于政府最终消费支出减去以实物社会转移形式向居民提供的消费性货物和服务支出。为住户服务的非营利机构实际最终消费指为住户服务的非营利机构向全社会提供的公共服务价值，它等于其自身最终消费支出减去以实物社会转移形式向居民提供的消费性货物和服务支出。

最终消费支出指常住单位为了直接满足个人或公共消费需求而发生的货物和服务的支出总额。两者的区别主要在于，实际最终消费强调消费主体，而最终消费支出强调的是支出主体。从数据上看两者的差距在于实物社会转移。实物社会转移指政府和为住户服务的非营利机构免费或以没有显著经济意义的价格向居民提供消费性货物和服务的支出。它包括两个部分:一是政府或为住户服务的非营利机构免费或以没有显著经济意义的价格提供给居民的非市场产出,如政府向居民提供的免费义务教育服务;二是政府或为住户服务的非营利机构从市场购买然后再免费或以没有显著经济意义的价格提供给居民的消费性货物和服务,如政府采购药品免费提供给居民。

36. 商品房销售增值计入固定资本形成总额

商品房销售增值是指商品房在销售过程中所发生的销售费用、利润以及在房地产交易中发生的所有权转移费等,它等于商品房销售价值与商品房建造成本之差。

在现行的固定资产投资统计中,商品房的投资完成额是由施工企业或房地产开发公司建设完成的房屋价值,这部分价值是按生产者价格计算的投资额。商品房的投资完成额加上商品房销售过程中的增值部分,相当于按购买者价格计算的商品房价值。根据国民经济核算原则,固定资本形成总额应按购买者价格计算,因此,在利用商品房的投资完成额计算固定资本形成总额时,要将生产者价格转换为购买者价格,也就是将商品房销售增值计入固定资本形成总额。

37. 支出法国内生产总值中的净出口与海关进出口的关系

支出法国内生产总值(GDP)中的净出口是出口减去进口后的净额,出口是常住单位向非常住单位出售或无偿转让的各种货物和服务的全部价值;进口是常住单位从非常住单位购买或无偿得到的各种货物和服务的价值。其中服务活动的提供与使用是同时发生的,一般把常住单位从非常住单位得到的服务作为进口,非常住单位从常住单位得到的服务作为出口。

海关进出口是统计指标,指实际进出我国关境的货物总金额。按贸易方式包括一般贸易,国家间、国际组织无偿援助和赠送的物资,其他捐赠物资,来料加工装配贸易,进料加工贸易,边境小额贸易,加工贸易进口设备,租赁贸易,外商投资企业作为投资进口的设备、物品,出料加工贸易,免税外汇商品,免税品,保税监管场所进出境货物,海关特殊监管区域物流货物,海关特殊监管区域进口设备,以及其他进出口货物。

海关进出口是计算支出法 GDP 中净出口的重要依据,但两者不相等,其差异主要体现在以下几方面。

一是口径范围不同。支出法 GDP 中的进出口既包括货物的进出口,也包括服务的进出口;海关的进出口只包括货物的进出口。

二是计算价格不同。支出法 GDP 中货物出口和进口价值都按离岸价格计算(服务出口和进口价值按交易发生时的市场价格计算);海关进出口贸易额中的进口按到岸价格计算,出口按离岸价格计算。

三是确认标准不同。支出法 GDP 中的进出口以经济所有权的转移作为衡量标准,海关进出口统计以货物进出关境为依据。例如,对于来料加工,由于货物的经济所有权没有发生变化,在支出法 GDP 中不计入货物进出口,只将获得的加工费记为加工服务出口;海关的货物进出口则包括来料加工的货物进出口。又如支出法 GDP 中的出口包括非常住单位在我国境内直接购买的货物和服务,进口包括我国常住单位在国外直接购买的货物和服务;海关的进出口贸易额则不包括上述相关货物和服务。

38. 不变价国内生产总值核算方法

不变价国内生产总值（GDP）是按照基期价格核算的当期GDP。由于消除了价格变动因素，两个不同时期的不变价GDP相比较，可以反映一个国家或地区所有常住单位生产活动最终成果的实际变动。不变价GDP的核算方法主要有价格指数缩减法和物量指数外推法。

在核算生产法GDP时，价格指数缩减法是利用价值量等于物量乘以价格这一数量关系，用价格指数对各行业现价增加值进行价格缩减得到不变价增加值，再汇总得到不变价GDP。具体来说，缩减法又分为双缩法和单缩法。双缩法是利用总产出价格指数和中间投入价格指数分别缩减现价总产出和现价中间投入，得到不变价总产出和不变价中间投入，再相减得到不变价增加值。单缩法假定总产出与中间投入保持相同的价格变化幅度，数学上可以直接利用总产出价格指数缩减现价增加值，求得不变价增加值。例如，我国工业不变价增加值利用工业生产者出厂价格指数缩减工业现价增加值得到。

物量指数外推法是在基期价值量的基础上，利用物量指数推算出按基期价格核算的核算期价值量，即不变价增加值。具体来说，外推法又分为双外推法和单外推法。双外推法是在基期价格核算的总产出和中间投入的基础上，分别采用总产出和中间投入的物量指数推算出核算期不变价总产出和不变价中间投入，再相减得到不变价增加值。单外推法假定总产出与中间投入保持相同的物量变化幅度，一般是在基期不变价增加值基础上，直接利用产出物量指数推算出核算期不变价增加值。例如，我国交通运输行业不变价增加值主要利用铁路、公路、航空、水运等各种运输方式的客货运周转量等物量指数外推基期增加值得到。

在核算支出法 GDP 时，主要采用价格指数缩减法进行核算，即利用相应的价格指数缩减现价居民消费支出、政府消费支出、固定资本形成总额、存货变动、货物和服务净出口等支出项，得到不变价各支出项，再加总得到不变价支出法 GDP。

我国采用固定基期方法核算不变价 GDP，自开始核算 GDP 以来，共有 1952 年、1957 年、1970 年、1980 年、1990 年、2000 年、2005 年、2010 年、2015 年 9 个不变价基期。目前每 5 年更换一次基期，如 2016 年至 2020 年不变价 GDP 的基期是 2015 年。

39. 国内生产总值核算数据的修订与发布

自我国建立国内生产总值核算制度以来，核算制度经历过几次规范改革。2004 年，国家统计局根据《关于我国 GDP 核算和数据发布制度的改革》(国统字〔2003〕70 号)和《国务院办公厅转发国家统计局关于改进地区 GDP 核算工作意见的通知》(国办发〔2004〕82 号)的规定，将国内生产总值(GDP)核算划分为初步核算、初步核实和最终核实三个步骤。2017 年，国家统计局对 GDP 核算步骤做了进一步精简改革，取消了初步核实，将 GDP 核算调整为初步核算和最终核实两个步骤。

根据现行的 GDP 核算制度，我国的年度和季度 GDP 核算均包括初步核算与最终核实两个步骤。年度和季度 GDP 初步核算主要利用专业统计进度资料和相关指标进行推算。最终核实则基于更加完整的基础数据资料进行核算。除此之外，在开展全国经济普查，发现对 GDP 数据有较大影响的新的基础资料，或核算方法及分类标准发生变化后，也要对年度和季度 GDP 历史数据进行修订。

年度 GDP 初步核算数一般于次年 1 月 20 日左右在年度国民

经济运行情况新闻发布会、国家统计局网站[②]公布，并可在《中国统计公报》《中国统计摘要》和《中国统计年鉴》等出版物上查阅。年度最终核实数于隔年1月份以国家统计局公告形式发布，并可在《中国统计摘要》《中国统计年鉴》等出版物上查阅。季度GDP初步核算数一般于季后15日左右在季度国民经济运行情况新闻发布会、国家统计局网站公布；最终核实数于隔年1月份在国家统计数据库[③]中进行更新。年度和季度GDP历史数据均可在国家统计数据库中查阅。

在地区生产总值核算中，年度地区生产总值也分为初步核算和最终核实两个步骤，初步核算数在各地区统计公报上公布，最终核实数在《中国统计摘要》和《中国统计年鉴》上公布。统一核算后，季度地区生产总值数据由国家统计局统一部署或授权地方统计局发布本地区数据，可在国家统计数据库上查阅。

40. 经济普查年度国内生产总值核算的主要特点

经济普查是对我国境内从事第二、三产业的全部法人单位、产业活动单位和个体经营户的全面调查，可以为全面反映国民经济的总量、结构和运行情况提供丰富详实的基础数据。与非经济普查年度（常规年度）相比，经济普查年度国内生产总值（GDP）核算主要有以下几方面的特点：

一是行业分类更加细化。以2018年第四次全国经济普查为例，依据《国民经济行业分类（GB/T 4754－2017）》，国民经济行业分为四个层次，即门类、大类、中类、小类。普查年度GDP核算时，采用小类进行核算。常规年度GDP核算时，基本上采用大类进行

② http://www.stats.gov.cn

③ http://data.stats.gov.cn

核算，其中房地产业分到行业中类，公共管理、社会保障和社会组织分为公共管理、社会组织、社会保障 3 类。

二是基础资料更为详实。普查年度 GDP 核算时，按照一套表单位、非一套表单位和个体经营户三种类型分别核算，除第一产业外，每种类型的增加值均使用普查资料，用收入法直接核算。常规年度 GDP 核算时，一套表单位增加值使用年度财务资料核算，非一套表单位和个体经营户增加值核算由于缺少财务资料，需使用最近一次普查年度相关比例结构、常规抽样调查资料和行政管理部门的财务资料与行政记录资料推算。

三是更多采用直接核算方法。由于资料来源发生了变化，普查年度 GDP 核算方法也会做相应调整。例如，在普查年度，利用个体经营户的普查资料，可以直接核算分行业个体经营户增加值，而在非普查年度，缺少个体经营户的基础资料，只能利用普查年度的比例关系进行间接核算；又如，在普查年度要对间接计算的金融中介服务产出进行分摊，非普查年度则利用普查年度的相关比例进行推算；再如，普查年度可以利用多产业法人单位下属产业活动单位普查资料，对产业活动单位进行跨行业调整，非普查年度由于缺少产业活动单位的基础资料，只能利用普查年度的相关比例进行推算。

41. 国内生产总值数据修订对下一年国内生产总值数据的影响

按照我国国内生产总值（GDP）核算和数据发布制度，年度 GDP 核算分为初步核算和最终核实两个步骤。其中最终核实是对初步核算数据的修订。一般来说，对当年 GDP 数据的修订会影响下一年 GDP 总量，但对增速不会产生明显影响。

在我国现行 GDP 核算方法中，GDP 初步核算主要采用相关指标速度推算法核算，也就是说，先根据相关专业指标的速度核算各行业增加值的速度，然后根据增加值速度与上年增加值基数核算当年增加值总量。例如，在初步核算 2019 年 GDP 时，先根据专业统计进度资料和相关指标增速，核算各行业增加值增速；然后根据四经普数据修订后的 2018 年 GDP 为基数，利用行业增加值的增速，核算 2019 年各行业增加值；最后将各行业增加值汇总，得到 2019 年 GDP 初步核算数。从核算过程看，2019 年初步核算的 GDP 总量会受到 2018 年 GDP 修订数的影响，但 GDP 增速则基本不受普查数据变化的影响。从以往历次 GDP 数据修订情况看，数据修订对随后年份的 GDP 增速都没有产生明显影响。

42. 季度国内生产总值的累计核算与分季核算

季度 GDP 核算有累计核算和分季核算两种方式。累计核算，即各季度分别核算 1 季度、1—2 季度、1—3 季度和 1—4 季度的累计 GDP，再通过倒减累计核算结果得到当季 GDP 数据。分季核算，即直接核算 1 季度、2 季度、3 季度和 4 季度的当季 GDP，再通过加总当季 GDP 得到累计 GDP。与累计方式相比，分季方式核算的 GDP 数据能够更准确地衡量当季经济活动，能够更灵敏地捕捉经济短期波动信息。

理论上，累计核算结果与当季核算结果应当相同，即：通过累计核算结果倒减得到的当季 GDP 数据，应当与当季核算结果完全一致；通过当季核算结果相加得到的累计 GDP 数据，应当与累计核算结果完全一致。但是在实践中，两种方法的核算结果往往有所差别，主要原因是二者使用的基础数据不同。累计核算主要使用季度累计基础数据，当季核算主要使用当季基础数据。由于季度累计基础数据通常含有对前面季度中出现的遗漏、重复及误报的调整，因此通过两个相邻季度累计基础数据相减得到的当季数据难以准确反映本季实际，进而导致累计核算数据与当季核算数据产生差别。在季度核算中，对于仅有累计方式而无分季方式的基础数据，需要作相应调整处理，使其符合分季核算的要求。

我国从 1992 年开展季度 GDP 核算，一直到 2015 年 2 季度，国家统计局都采用累计核算方式核算 GDP 数据。在这二十多年间，虽然累计季度 GDP 数据能够客观准确地反映我国经济的短期运行状况，但与分季核算 GDP 数据相比，仍存在反映短期波动滞后的缺陷。特别是 2008 年国际金融危机爆发以后，社会各界对统计数据提出了更高的要求，希望统计数据能够更灵敏地反映宏观经济的短期变化，更好地服务宏观经济分析和决策。此外，国际上主要发达国家的季度 GDP 数据，通常采用分季核算方式。国际货币基金组织（IMF）制定的数据公布特殊标准（SDDS）也要求成员国公布分季 GDP 核算数据。因此，为了更好地为宏观经济分析和决策服务，提高我国季度 GDP 的国际可比性，经过国家统计局对基础数据与核算方法的精心研究与准备，于 2015 年 3 季度开始实施季度 GDP 分季核算改革，将季度 GDP 核算由累计核算改为分季核算。

对于地区生产总值来讲，由于分季核算的基础资料尚不能满足分季地区生产总值核算需要，因此，统一核算后，季度地区生产总值仍采用累计核算方式。

43. 季度国内生产总值的季节调整

在季度国内生产总值（GDP）核算中，GDP 增长速度按照对比基期的不同，可以分为同比速度和环比速度。同比速度的对比基期是上年同期，环比速度的对比基期是相邻的上一个时期。与同比速度相比，环比速度可以较好地反映统计指标的短期变化，是进行短期经济趋势分析的有效工具。

在对季度 GDP 数据的分析应用中不难发现，季度 GDP 数据会在不同年份的某一时段中，呈现明显的周期性规律，这种变化规律我们称为季节因素。比如一年四季的交替，或者春节等节假日的影响。通常季节因素带来的变动会掩盖时间序列的纯经济短期变化趋势，降低相邻两个季度之间的数据可比性，进而影响环比数据的准确性。因此，为了更准确地计算季度 GDP 环比增速，需要对季度 GDP 数据进行季节调整，剔除季节因素的影响后，再进行环比数据的计算与比较。

通过季节调整软件剔除季节因素是各国的通行做法，目前国际上比较常用的季节调整软件，在节假日因素上仅考虑了西方的特点。为此，国家统计局专门组织力量，并与南开大学合作，在国际通行的 X13－ARIMA 季节调整方法基础上，针对我国特有的季节因素加以研究，开发了国家统计局版季节调整软件 NBS－SA。这一软件添加了处理我国特有的季节因素的新模块，包括春节、端午、中秋等移动假日的效应，周工作天数从原来的 6 天制到 5 天制转变的效应，假期变动及调休带来的效应等，从而可以有效剔除我国特有的季节因素。我国从 2011 年开始公布经季节调整的季度 GDP 环比增长速度数据。

44. 季度与年度国内生产总值核算的主要区别

季度国内生产总值（GDP）核算与年度 GDP④ 核算的不同主要有以下几个方面：

一是核算时期不同。季度核算以一个季度为核算期，年度核算以一年为核算期。我国目前的季度核算为分季核算。

二是行业分类粗细程度不同。目前，我国季度核算分类比较粗，目前按 43 个行业分别进行核算。年度核算基础资料更丰富，分

④ 这里指年度 GDP 的最终核实数。

类更加细化，可以细分到98个行业。

三是核算依据的基础资料不同。季度核算由于时效性比较强，可以依据的基础资料一般比较少，通常只能搜集到一些统计口径不够全面的进度性（季报、月报）统计资料。年度核算由于核算时期长，可供利用的基础资料比较多，主要是统计口径比较全面的统计资料、财务资料等。

四是核算方法不同。季度核算由于可以利用的基础资料比较少，因此核算中利用相关指标的速度和系数进行推算的方法比较多，而年度核算中推算方法使用比较少，主要是根据基础资料直接核算。

五是核算结果的准确性不同。年度核算数据的准确性要高于季度核算数据，通常季度核算数据要根据年度核算数据进行基准化衔接。

45. 国内生产总值与地区生产总值核算的主要区别

国内生产总值由国家统计局按照《中国国民经济核算体系（2016）》的基本原则和基本方法进行核算。地区生产总值核算由国家统计局统一领导和组织实施，各省（区、市）统计局共同参与，按照统一的核算方法，遵循真实准确、规范统一和公开透明的原则，统一核算各地区生产总值。实施地区生产总值统一核算后，总体上地区生产总值与国内生产总值的核算方法基本一致，地区生产总值汇总数和国内生产总值在总量、速度和结构上能够基本衔接。但由于核算制度要求和基础资料原因，也存在一些口径和方法上的区别。主要体现在两个方面：

一是驻外使领馆、部分不宜划分地区的保密单位和总部经济、军队武警等活动仅核算在全国，未核算到地区，因此地区生产总值汇总数不会与国内生产总值完全相等，前者会略小于后者。从国际上看，实行统一核算体制的国家，也是将一些经济活动仅核算在全国，不分至地区，从而地区生产总值汇总数略小于国内生产总值。以美国为例，其2018年各州地区生产总值汇总数比国内生产总值小1168亿美元，两者差率为0.6%。

二是一些行业没有分地区基础资料，无法直接核算相应行业的分地区增加值，只能在全国该行业核算数据的基础上，利用相关指标分劈国家数得到分地区数据。

第三章

投入产出核算

第三章 投入产出核算

46. 投入产出核算的主要内容

投入产出核算用于描述国民经济各部门在一定时期内从事生产活动的投入来源和产出使用去向，揭示国民经济各部门间相互依存、相互制约的数量关系。投入产出核算的主要内容是编制供给使用表和投入产出表。通过编制供给使用表和投入产出表，把生产法、收入法、支出法国内生产总值整合在一起，发挥国民经济核算框架作用，起到协调 GDP 等国民经济核算数据，并为其他统计核算工作提供数据支撑等作用。当 GDP 生产核算与支出核算的数据存在差异时，供给使用表可以按照产业分类和产品分类对生产活动以及货物和服务流量进行深入分析，通过比较不同来源的基础数据，利用表中的平衡关系，消除差异，达到对不同方法核算的 GDP 的校验平衡，从而保障不同方法核算的 GDP 的一致性和准确性。

47. 投入产出表编制和公布情况

1987 年，根据《国务院办公厅关于进行全国投入产出调查的通知》(国办发〔1987〕18 号)，我国开展投入产出调查并编制投入产出表。此后，每五年开展一次投入产出调查，编制投入产出表。目前已经编表的年份包括 1987 年、1992 年、1997 年、2002 年、2007 年、2012 年和 2017 年。同时，在两个调查年份之间，还编制部门相对较少的简表，目前已编表的年份包括 1990 年、1995 年、2000 年、2005 年、2010 年和 2015 年。另外，开展投入产出调查的年份，各省(区、市)也同步开展地区投入产出表编制工作。

全国投入产出表编制完成后，通过国家统计局数据库和公开出版物等形式公布，各地区投入产出表的公布，由各地区自行决定。从2002年开始，国家统计局将各地投入产出表集结成册公开出版。

48. 投入产出表与供给使用表的联系和区别

投入产出表，也称部门联系平衡表或产业关联表，是以矩阵形式描述国民经济各部门在一定时期（通常为一年）从事生产活动的投入来源和产出使用去向，揭示国民经济内部相互依存、相互制约的数量关系。投入产出表是“产品×产品”或“产业×产业”的对称表。

供给使用表，包括供给表和使用表。供给表反映产品（货物和服务）的总供给信息，通过产品和产业的交叉分类，展示产品由国内哪些产业生产或进口的情况。使用表反映产品总使用信息，展现产业生产过程消耗的中间品和创造的增加值情况，同时反映各种产品用于中间使用和最终使用（消费、资本形成和出口）的价值及构成情况。供给使用表采用“产品×产业”交叉分类表式。理论上，可以通过供给使用表推算出投入产出表，也可以由供给表和投入产出表推算出使用表。我国实践中是先编制供给表和投入产出表，然后推算出使用表。

49. 投入产出核算采用的部门分类

投入产出核算采用的部门分类有两种，即产业部门分类和产品部门分类。在投入产出核算中，供给表和使用表是产品部门和产业部门交叉分类，列向为产业部门分类，行向为产品部门分类。投入产出表行和列，既可以采用产业部门分类，也可以采用产品部门分类。

投入产出产业部门分类是按照主产品同质性原则对产业活动单位进行的部门分类。由于产业活动单位只从事一种生产活动，或虽然不只从事一种生产但其主要活动的增加值占有相当大的比例。从生产技术角度来考察生产活动，建立在产业活动单位基础上的产业部门分类可以更好地满足同质性的要求。在投入产出核算中，产业部门分类的粗细，主要根据《国民经济行业分类(GB/T 4754—2017)》，结合现有统计基础资料情况和投入产出分析的需要确定。

投入产出产品部门分类是按照同质性原则对货物和服务的细分。在投入产出核算中，产品部门分类遵循同质性原则，即消耗结构相同、生产工艺技术相同和经济用途相同，一个产品部门就是满足上述同质性原则的同类货物或服务。在实际操作中，同一产品部门的货物或服务往往难以同时满足同质性的三个条件，而只能满足其中一个或两个条件。在投入产出核算中，产品部门分类以《国民经济行业分类(GB/T 4754—2017)》为基础，根据《统计用产品分类目录》，结合统计基础资料情况和投入产出分析的需要确定，每个调查和编表年份分类不完全一致。

50. 产业部门分类投入产出表与产品部门分类投入产出表

投入产出表既可以采用产业部门分类，也可以采用产品部门分类。产业部门分类的投入产出表反映产业对产业的消耗和相互联系，产品部门分类的投入产出表反映产品对产品的消耗和相互联系。从供给使用表出发，在不同的假设条件下，可以分别推算得到产业部门或产品部门分类的投入产出表。一般来说，利用“固定产品销售结构假定”(Fixed Product Sales Structure Assumption)，即假设在不同产业生产的相同产品，其使用结构去向是相同的，可以从供给使用表推算出“产业×产业”的投入产出表。利用“产业部门工艺假定”(Industry Technology Assumption)，即假设一个产业生产的各类产品消耗结构相同，可以从供给使用表推算“产品×产品”的投入产出表。

51. 投入产出表和供给使用表的编制

2008 年 SNA 及供给使用核算有关手册都推荐，利用统计资料直接编制供给表和使用表，然后在一定的假设条件下，推算投入产出表。由于统计基础和数据资料的限制，我国采用了不同于国际推荐的做法，即先编制供给表和投入产出表，再推算使用表，然后通过供给使用平衡编制完成供给使用表。具体分为以下五个步骤：

第一步，编制供给表初表，利用各产业部门各类产品生产信息，以及产品进口、税收和流通费用等数据进行编制。

第二步，编制投入产出表初表，利用投入产出调查信息，得到各类产品生产过程中对产品的消耗。

第三步，编制使用表初表，根据“产品工艺假定”，即假设在不同产业所生产的相同产品，生产消耗结构是一样的，通过整合供给表和投入产出表，得到产业部门生产对产品的消耗信息，形成使用表初表。

第四步，同步平衡调整投入产出表和使用表，利用投入产出表和使用表关联性，在平衡调整投入产出表时，同步调整使用表数据。

第五步，独立编制完成投入产出表和供给使用表，在投入产出表基本平衡时，断开投入产出表和使用表的关联，利用其他资料和信息分别独立平衡投入产出表和供给使用表，完成投入产出表和供给使用表编制。

52. 投入产出表行列数据的经济含义

我国编制的“产品×产品”投入产出表，由三部分组成，分别称为第Ⅰ、Ⅱ、Ⅲ象限。第Ⅰ象限是由名称相同、排列次序相同、数目一致的若干产品部门纵横交叉而成的中间产品矩阵。沿行方向看，反映某产品部门生产的货物或服务提供给各产品部门使用的价值量，称为中间使用；沿列方向看，反映某产品部门在生产过程中消耗各产品部门生产的货物或服务的价值量，称为中间投入。第Ⅱ象限是第Ⅰ象限在水平方向上的延伸，沿行方向看，反映某产品部门生产的货物或服务用于各种最终使用的价值量；沿列方向看，反映各项最终使用的规模及其构成。第Ⅲ象限是第Ⅰ象限在垂直方向的延伸，反映各产品部门的增加值及其构成情况。

投入产出表

（产品部门×产品部门表）

<table>
<tr><td colspan="2" rowspan="3">产出
投入</td><td colspan="4">中间使用</td><td colspan="8">最终使用</td><td rowspan="3">进口</td><td rowspan="3">总产出</td></tr>
<tr><td rowspan="2">产品部门1</td><td rowspan="2">…</td><td rowspan="2">产品部门n</td><td rowspan="2">中间使用合计</td><td colspan="3">最终消费支出</td><td colspan="3">资本形成总额</td><td rowspan="2">出口</td><td rowspan="2">最终使用合计</td></tr>
<tr><td>居民消费支出</td><td>政府消费支出</td><td>合计</td><td>固定资本形成总额</td><td>存货变动</td><td>合计</td></tr>
<tr><td rowspan="2">中间投入</td><td>产品部门1
⋮
⋮
产品部门n</td><td colspan="4">第Ⅰ象限</td><td colspan="10">第Ⅱ象限</td></tr>
<tr><td>中间投入合计</td><td colspan="4"></td><td colspan="10"></td></tr>
<tr><td rowspan="2">增加值</td><td>劳动者报酬
生产税净额
固定资产折旧
营业盈余</td><td colspan="4">第Ⅲ象限</td><td colspan="10" rowspan="3"></td></tr>
<tr><td>合计</td><td colspan="4"></td></tr>
<tr><td colspan="2">总投入</td><td colspan="4"></td></tr>
</table>

53. 供给表行列数据的经济含义

供给表反映货物和服务的生产或进口情况。沿行方向看，反映属于某一产品部门的货物或服务是由哪些国内产业部门生产的，或是进口的。产品产出加上进口，为货物或服务供给的总规模，称为总供给；沿列方向看，反映某一产业部门生产的各类货物或服务的价值量，合计数为产业部门总产出，是产业部门生产经营的总成果。

供给表

产业部门 / 产品部门	产业部门1	…	产业部门j	…	产业部门m	产品部门总产出（生产者价格）	进口（到岸价）	进口税	按生产者价格计算的总供给	不可抵扣的增值税	商业毛利和运输费用	按购买者价格计算的总供给
产品部门1												
·												
·												
·												
产品部门 *i*												
·												
·												
·												
产品部门 *n*												
合　计												

54. 使用表行列数据的经济含义

使用表和投入产出表类似，也由三部分组成，称为第Ⅰ、Ⅱ、Ⅲ象限。第Ⅰ象限是由产品部门和产业部门纵横交叉而成的中间产品矩阵，沿行方向看，反映某产品部门生产的货物或服务提供给各产业部门使用的价值量，被称为中间使用；沿列方向看，反映某产业部门在生产过程中消耗各产品部门生产的货物或服务的价值量，被称为中间投入。第Ⅱ象限是第Ⅰ象限在水平方向上的延伸，沿行方向看，反映某产品部门生产的货物或服务用于各种最终使用的价值量；沿列方向看，反映各项最终使用的规模及其构成。第Ⅲ象限是第Ⅰ象限在垂直方向的延伸，反映各产业部门增加值及其构成情况。

使用表

<table>
<tr><td colspan="2" rowspan="3">产业部门
产品部门</td><td colspan="4">中间使用</td><td colspan="8">最终使用</td><td rowspan="3">总使用（购买者价格）</td></tr>
<tr><td rowspan="2">产业部门1</td><td rowspan="2">…</td><td rowspan="2">产业部门 m</td><td rowspan="2">中间使用合计</td><td colspan="3">最终消费支出</td><td colspan="3">资本形成总额</td><td rowspan="2">出口</td><td rowspan="2">最终使用合计</td></tr>
<tr><td>居民消费支出</td><td>政府消费支出</td><td>合计</td><td>固定资本形成总额</td><td>存货变动</td><td>合计</td></tr>
<tr><td rowspan="2">中间投入</td><td>产品部门1
·
·
·
产品部门 n</td><td colspan="4">第Ⅰ象限</td><td colspan="9">第Ⅱ象限</td></tr>
<tr><td>合计</td><td colspan="4"></td><td colspan="9"></td></tr>
<tr><td rowspan="2">增加值</td><td>劳动者报酬
生产税净额
固定资产折旧
营业盈余</td><td colspan="4">第Ⅲ象限</td><td colspan="9"></td></tr>
<tr><td>合计</td><td colspan="4"></td><td colspan="9"></td></tr>
<tr><td colspan="2">总投入
（生产者价格）</td><td colspan="4"></td><td colspan="9"></td></tr>
</table>

55. 投入产出表中对一些服务部门资本形成总额的处理

目前,我国编制的是按“产品×产品”部门分类的投入产出表,在投入产出表中,某产品部门固定资本形成总额和存货变动数据的含义,是指该产品部门的具体产品形成了固定资本,或者作为存货。对于多数的服务部门,其产品(某种具体的服务)不会形成固定资本,也不能以存货的形式存在。通常说的服务行业的固定资本形成或存货,是指该服务业生产过程中使用的固定资本或者存储的货物材料存货。如餐饮业的存货,实际上是餐饮企业存储的农产品、谷物磨制品、调味品等产品存货。在投入产出表中,需要将这些服务行业的存货对应到相应的货物产品部门中,因此,多数服务部门其自身的固定资本形成总额和存货变动都是零。

56. 投入产出核算与国内生产总值核算之间的关系

投入产出核算把生产法、收入法、支出法国内生产总值整合在一起,是国内生产总值(GDP)核算的延伸和细化,投入产出核算的总量数据,除了特殊处理的“废品废料”外,与 GDP 核算的总量数据保持一致。产品部门分类的投入产出表,对生产法 GDP 的中间投入部分按照产品部门进行了细致的划分,同时,对支出法 GDP 中的消费、资本形成和进出口等项目,既给出了总量数据,也给出了详细的结构数据。

57. 供给使用表的协调作用

供给使用表提供了严谨的核算框架,按照产业分类和产品分类对生产活动以及货物和服务流量进行深入分析。在供给使用表的框架下，不同来源基础数据的差异，在详细分类下通过对比协调，可以得到消除。部门提供的行政记录和专业统计之间的概念和口径差异等，通过供给使用关系的平衡，可以分别进行校验和调整。GDP 生产核算与使用核算数据的差异，在供给使用框架下，可以通过比较发现基础数据的问题，利用供给使用表的平衡关系，对不同方法核算的 GDP 进行校验平衡，消除数据差异，从而保障国民经济核算数据的一致性和准确性。

58. 贸易增加值和传统贸易统计的区别

在经济全球化背景下，许多产品从构思、设计、制造、组装、运输到销售，涉及到不同国家的企业活动，形成了一个跨国（跨行业）的供应链、利益链和价值链。

传统贸易统计是从产品最终出口国家或地区的贸易总额进行统计。在全球化生产背景下，同一产品不同生产工序分布在不同国家或地区成为常态，中间产品跨越多个国界现象越来越普遍，按照贸易总额统计存在大量重复计算和统计的情况，同时也造成一种假象，使人误认为出口国创造了出口产品的所有价值。而贸易增加值是以出口产品包含的国内增加值衡量一个国家或地区参与全球价值链的经济收益，即将出口产品生产过程创造的价值分解到涉及国家（或地区），核算本国生产（创造）的价值，更准确反映各国在国际贸易特别是双边贸易中获益的情况。贸易增加值核算是对贸易总额统计数据的重构，可以客观反映双边贸易实际情况，但不改变一个国家或地区总体贸易平衡情况。

第四章

资金流量核算

第四章 资金流量核算

59. 资金流量核算的主要内容

资金流量核算反映一定时期内一个国家或地区中各机构部门收入的分配和使用、资金的筹集和运用等情况，其核算内容覆盖整个国民经济运行过程以及相伴随的资金运动。生产活动形成的增加值是资金流量核算的起点，经过收入初次分配、收入再分配过程形成可支配收入；可支配收入经过收入使用过程形成了储蓄，即可用于非金融投资的自有资金；经过非金融投资和资本转移后，形成净金融投资，反映非金融投资过程中资金余缺状况；资金富余或短缺的情况再经过金融交易活动实现平衡。资金流量核算是国民经济核算体系的重要组成部分。通过资金流量分析，可以深入研究各经济主体的收入分配关系、资金余缺程度、融资规模、融资结构，为制定宏观经济政策提供依据。

资金流量核算的主要内容是编制资金流量表，包括非金融交易表和金融交易表。非金融交易表以增加值和净出口为起点，全面记录机构部门之间的收入分配、收入使用以及非金融投资过程。金融交易表全面记录各部门通过金融交易提供、获得的资金，显示资金在部门之间的流动状况。

我国按年度编制资金流量表，并在《中国统计年鉴》和《中国金融年鉴》上公布。

60. 资金流量表中机构部门的经济含义

目前，我国资金流量核算中的机构部门包括非金融企业部门、金融机构部门、广义政府部门（含为住户服务的非营利机构部门）、住户部门以及国外。

非金融企业部门是从事货物和服务生产以及进行实物投资的主要部门，也是资金需求最大的部门，其不足的资金通过国内外金融交易获得。金融机构部门在筹集和调剂社会资金过程中起着核心作用，是社会资金运动的中枢。广义政府部门的主要职能是利用通过征税和其他方式获得的资金向社会和公众提供货物和服务，并通过转移支付，对社会收入和财产进行再分配。住户部门既是生产者，也是消费者和投资者。作为生产者，住户部门包括所有农户和个体经营户，以及住户自给性生产服务的提供者。住户部门是消费活动的主要承担者，其大部分可支配收入都用于消费，剩余部分少量用于住宅和其他实物投资，其余用于储蓄存款、债券、股票和其他金融投资。住户部门是资金盈余的主要部门。

上述四个机构部门构成我国的经济总体。与我国常住单位发生交易的所有非常住单位称为国外。国外不是一个机构部门，在资金流量核算中，国外反映本国对外经济往来中的收支和借贷关系，为表述方便，将其视同为机构部门处理。

61. 非金融交易和金融交易的主要区别

资金流量核算包括非金融交易和金融交易两个部分。其中，非金融交易描述各机构部门间以及与国外之间发生的非金融交易往来情况，内容覆盖收入分配、收入使用以及非金融投资过程；金融交易描述各机构部门间以及与国外之间资金的流量、流向和余缺情况，反映经济活动中金融交易的规模、结构，以及各机构部门之间、各机构部门与国外之间发生的金融债权债务往来情况。非金融交易表和金融交易表通过“净金融投资”相连接。

非金融交易和金融交易主要有以下几点区别：

一是交易涉及的经济活动不同。非金融交易是与货物和服务的生产、收入的初次分配、收入的再分配、可支配收入的最终使用等有关的经济活动，它与资金融通及信用活动无直接关系；金融交易是建立在信用基础上，与货币资金融通相联系的经济活动，包括以现金、信用、证券等金融资产、负债为交易对象的交易活动。

二是资产所有权变更关系不同。非金融交易一般会发生资产所有权变更，而金融交易通常不涉及资产所有权变更，是一种“有借有还”的交易。但也有例外，有一些特殊金融资产的交易，尽管它们在一般意义上并不存在对应的负债方，其交易不是一种“有借有还”的交易，但仍把这些交易作为金融交易，如股权、特别提款权、货币黄金等。

三是交易涉及的经济资产不同。非金融交易涉及由交易引起的非金融资产价值的变化，而金融交易涉及金融资产的净获得或金融负债的净发生，不涉及非金融资产的变化。《中国国民经济核算体系(2016)》把金融资产分为通货、存款、贷款、股权和投资基金份额、债务性证券、保险准备金和社会保险基金权益、金融衍生品和雇员股票期权、国际储备、其他等。非金融资产是除金融资产以外的所有经济资产。

62. 收入初次分配和再分配的关系

收入初次分配和再分配是收入分配的两个阶段，构成资金流量表非金融交易部分的主要内容。收入初次分配是按照各生产要素所有者对生产的参与程度和贡献程度，对生产成果进行的直接分配，即生产活动形成的收入在参与生产活动的生产要素的所有者及政府之间的分配，形成初次分配收入。收入再分配是在收入初次分配的基础上，通过经常转移的形式对初次分配总收入进行的再次分配，形成可支配总收入。经常转移的主要形式有所得税、财产税等经常税，以及社会保险缴费、社会保险支出、社会保障补助、其他经常转移。若将国内机构部门作为一个整体看，经常转移就是国内机构部门与国外部门之间的转移。由转移产生的收支称为转移收支。经常转移有现金转移和实物转移两种形式。

收入初次分配和再分配的区别：一是分配的对象不同。收入初次分配的对象是生产活动的成果和财产收入，收入再分配的对象是初次分配总收入，在经济总体层次上即为国民总收入（GNI）。二是分配的方式不同。初次分配通过直接分配方式，再分配通过经常转移分配方式。三是分配的结果去向不同。经过初次分配，形成国民总收入，即各机构部门的初次分配总收入之和；经过再分配，形成国民可支配总收入，即各机构部门的可支配总收入之和。

收入初次分配和再分配的联系：简单地讲，收入初次分配和再分配都是收入在各机构部门之间的分配和转移，是收入分配的两个环节，收入再分配环节开始于收入初次分配的结果。二者的关系式可以表述为：

可支配总收入＝初次分配总收入＋经常转移收入
　　　　　　　－经常转移支出
　　　　　　＝增加值
　　　　　　　－支付的劳动者报酬和生产税净额
　　　　　　　－支付的财产收入
　　　　　　　＋收到的劳动者报酬和生产税净额
　　　　　　　＋收到的财产收入
　　　　　　　＋经常转移收入－经常转移支出

63. 国内生产总值、国民可支配总收入、国民总储蓄的关系

国内生产总值（GDP）是一国所有常住单位在一定时期内生产

活动的最终成果。从收入形态看，它是所有常住单位在一定时期内创造并分配给常住单位和非常住单位的初次收入之和。与GDP直接相关的概念是国民总收入(GNI)，它等于GDP与从国外获得的初次收入净额之和。从国外获得的初次收入净额等于从国外获得的工资薪金、利润、利息减去对国外支付的工资薪金、利润、利息。国民可支配总收入指一国在一定时期内的国民总收入和该国常住机构单位与非常住机构单位之间发生的经常转移差额(净流入)之和。国内各机构部门的可支配总收入是经过收入的初次分配和再分配，最终形成各个部门属于自己的可支配资金，国内各机构部门的可支配总收入之和就是国民可支配总收入。国民总储蓄指国民可支配总收入用于最终消费后的余额，是可用于非金融投资的资金来源。国内各机构部门的总储蓄之和为国民总储蓄。

从三个指标概念看，它们主要有两方面的区别：一是核算角度不同。GDP是从生产角度核算，反映各机构部门生产活动的最终成果；国民可支配总收入是从收入分配角度核算，反映各机构部门初次分配总收入和经常转移净收入之和；国民总储蓄是从收入使用的角度核算，反映各机构部门获得的可支配总收入在使用过程中没有消费掉的部分。二是指标内涵不同。GDP是各机构部门生产的最终成果；国民可支配总收入是一国可用于消费和投资的最大资金额；国民总储蓄是一国可用于投资的最大资金额。

从三个指标的联系看，GDP是收入分配的基础，GDP经过初次分配、再分配，形成国民可支配总收入，可支配总收入扣除用于最终消费部分，形成国民总储蓄。三个指标的关系可以表示为：

国民总储蓄＝国民可支配总收入－最终消费支出

＝初次分配总收入＋经常转移收入

－经常转移支出－最终消费支出

=国内生产总值
－支付的劳动者报酬和生产税净额
－支付的财产收入
＋收到的劳动者报酬和生产税净额
＋收到的财产收入
＋经常转移收入－经常转移支出
－最终消费支出

64. 资金流量表中住户部门可支配总收入与住户调查中居民人均可支配收入的联系与区别

目前，反映居民收入的统计指标主要有两大类：一类是资金流量表中的住户部门可支配总收入，属于宏观收入分配核算的范畴；另一类是住户调查中的居民人均可支配收入，属于微观收入统计的范畴。这两类指标虽名称相似，但两者在口径范围、核算原则、核算方法和资料来源等方面都有不同。

住户部门可支配总收入是一个核算指标。在国民经济核算中，企业部门、广义政府部门和住户部门是宏观收入分配的主体。三个部门生产活动的最终成果，经过收入初次分配和再分配，形成各自的可支配收入，企业、政府、住户三者可支配收入之和即为国民可支配总收入。其中，住户部门既是生产者，也是消费者和投资者，作为生产者，住户部门包括所有农户和个体经营户，以及住户自给性生产服务的提供者。住户部门的可支配收入，是经过收入初次分配和再分配两个阶段获得的，在初次分配环节，住户部门收入包括住户获得的劳动者报酬、财产收入净额，以及住户部门增加值扣除住户部门支付的劳动者报酬和缴纳的生产税净额后的余额，包括个体经营户营业利润、固定资产折旧和自有住房折旧；在再分配环节，住户部门缴纳所得税和社会保险，获得社会保险福利和其他社会补助，经过经常转移调节，形成了住户部门可支配总收入。

居民人均可支配收入是一个统计调查指标，数据来源于国家统计局对全国31个省(区、市)居民家庭开展的住户收支与生活状况调查。该调查是一项抽样调查，首先采用分层、多阶段、与人口规模大小成比例和随机等距抽样相结合的科学方法抽选调查户，然后请调查户把家庭日常收支逐笔进行登记，最后根据分户基础数据加权汇总生成全国居民的人均可支配收入。居民人均可支配收入能够衡量人民的生活水平和购买力，能够从微观层面反映我国居民收入分配格局情况，如城乡居民收入差距、基尼系数等数据都是在居民人均可支配收入基础上衍生计算的。

来自资金流量核算的住户部门可支配总收入和来自住户调查的居民人均可支配收入名称近似，但实际上在口径范围、核算原则、核算方法、资料来源等方面都存在一定差异。从口径范围看，核算的住户部门可支配总收入包含了固定资产折旧，而住户调查的居民人均可支配收入是净收入的概念，不包含固定资产折旧。从核算原则看，住户调查采用收付实现制，而核算采用权责发生制。从核算方法看，住户调查的人均可支配收入从微观层面反映居民实际获得的，可自由支配的用于最终消费和储蓄的收入，而核算的住户部门可支配总收入是从住户部门增加值开始，通过收入的初次分配和再分配环节而形成的。从资料来源看，住户调查通过抽样调查直接采集基础数据并推算总体，而核算使用的资料包括财政、税收、金融、国际收支等部门资料以及统计调查和经济普查资料，同时对居民自有住房服务价值等进行了推算和调整。

总体而言，来自资金流量核算的住户部门可支配总收入和来自住户调查的居民人均可支配收入分别从宏观和微观层面反映了我国居民收入分配格局的特征与变化趋势，但两者进行比较时需要注意口径、核算方法等方面的差异。

65. 国民总储蓄与住户存款的关系

国民总储蓄是指国民可支配总收入扣除最终消费后的余额。住户存款是指住户部门在存款机构的定期和活期储蓄存款。二者既有区别,又有联系。

国民总储蓄与住户存款的区别主要表现在以下方面:一是涉及的对象不同。国民总储蓄涉及的对象是国内各机构部门,包括非金融企业部门、金融机构部门、广义政府部门和住户部门,而住户存款仅涉及住户部门。二是处在经济运行的不同环节。国民总储蓄是国民可支配总收入用于最终消费后的余额。这些余额可能有两个去向,一个是非金融投资,如固定资产投资;另一个是金融投资,住户存款仅是金融投资的一种形式。国民总储蓄出现在资金流量表的非金融交易部分。住户存款出现在资金流量表的金融交易部分。三是时间单位不同。国民总储蓄是一个流量(时期)指标,反映某一年一个国家形成的总储蓄有多少。而住户存款既可以是一个存量(时点)指标,又可以是一个流量(时期)指标。

国民总储蓄与住户存款的联系表现在:核算期内,住户存款的新增量来自同期的国民总储蓄中的住户部门总储蓄。如前所述,可以把国民总储蓄分解成非金融企业部门总储蓄、金融机构部门总储蓄、广义政府部门总储蓄、住户部门总储蓄。对于住户部门总储蓄来讲,它有两大流向,一部分用于非金融投资,主要是购房或建房。另一部分用于金融投资,主要形式是增加现金持有、在金融机构存款、购买股票、债券、保险等。

66. 经常转移和资本转移的区别

转移指一个机构单位向另一个机构单位提供货物、服务或资产,但又不从后者获取任何直接对应回报的一种交易。转移分为经常转移和资本转移。其中,经常转移指交易的一方或双方都不涉及获得或处置资产(除存货和现金外)的转移,资本转移指交易的一方或双方涉及获得或处置资产(除存货和现金外)的转移。

经常转移属于收入分配交易,资本转移属于资本交易。经常转移包括所得税、财产税等经常税,以及社会保险缴款、社会保险福利、社会补助、其他经常转移;资本转移包括资本税、投资性补助和其他资本转移。

67. 社会保险缴款与社会保险福利的联系与区别

社会保险缴款指参保单位和个人对社会保险计划的实际或虚拟支付;社会保险福利指社会保险机构向参保人支付的社会保险金。

在我国,社会保险缴款指参保单位和个人按照国家有关法律和规定,向社会保险计划缴纳的社会保险金。我国社会保险缴款包括职工五项基本保险(基本养老保险、失业保险、基本医疗保险、工伤保险和生育保险)、城乡居民基本养老保险、城乡居民基本医疗保险等的缴款。社会保险福利指社会保险机构按照国家法律规定,向缴纳社会保险的个人支付的社会保险金。

从二者的概念和社会保险基金管理及使用情况可以看出,社会保险缴款是社会保险福利基金的来源,社会保险基金的支出用于保证企业下岗职工的基本生活、离退休人员和城乡居民养老金的发放、城乡居民医疗等方面的需要。社会保险福利是社会保障部门向缴纳社会保险的个人支付的社会保险金,职工和其他城乡居民通过社会保险部门社会保险金的支付获得社会福利。

社会保险缴款与社会保险福利的关系,决定了两者在国民经济核算中不同的处理方法。在我国,社会保险基金由国家社会保障部门管理和使用，社会保障部门行使广义政府部门的职能，所以在我国的国民经济核算中社会保险缴款记录在广义政府部门的来源方，住户部门的运用方。社会保险福利记录在住户部门的来源方，广义政府部门的运用方。

68. 非生产非金融资产获得减处置核算

非生产非金融资产指通过生产过程以外的方式形成的非金融资产，2008 年 SNA 规定，非生产非金融资产包括自然资源，合约、租约和许可，商誉和营销资产等三类，其中自然资源指自然形成的资产，如具有经济价值的土地、水资源、非培育性森林和矿藏等。这些资产可以通过购买或出售、易货交易或实物资本转移的形式获得或处置。在资金流量表非金融交易部分中，记录了对应于非生产非金融资产获得减处置而发生的投资支出。

由于资料来源的限制，目前我国在非生产非金融资产获得减处置的核算中，仅核算土地资产获得减处置。在我国，土地归国家和集体所有，任何单位和个人不拥有土地所有权，土地交易是使用权交易。由于土地使用权出让金一次性支付，不符合土地租金的概念，并且土地使用权出让年限相对较长，因此可将土地使用权交易视为一项非生产非金融资产交易，计入非生产非金融资产获得减处置。

69. 净金融投资的含义

在资金流量表的非金融交易和金融交易部分，都设置了净金融投资指标。从非金融交易角度看，净金融投资是指总储蓄加资本转移收入净额减非金融资产投资（包括资本形成总额、非生产非金融资产获得减处置）后的差额。从金融交易角度看，净金融投资是指金融资产的净获得减金融负债的净发生后的净额。

净金融投资反映了各机构部门和经济总体资金富余或短缺的情况。各机构部门总储蓄与资本转移净收入之和是在不借入资金的情况下可用于非金融投资的最大资金量。如果这个资金量大于该部门实际非金融投资额，该部门净金融投资为正，表示该部门资金有余，有多余的资金用来购买包括现金在内的金融资产，或者用于偿债。相反，如果这个资金量小于该部门实际非金融投资额，该部门净金融投资为负，表示该部门资金不足，不足的资金通过处置资产或金融负债的形式弥补。理论上，非金融交易表的净金融投资应该等于金融交易表的净金融投资，但实际核算中，由于基础资料和编制方法不同，实际核算结果通常会存在差异。

第五章
资产负债核算

第五章 资产负债核算

70. 编制全国和地方资产负债表的意义

2013 年，党的十八届三中全会通过《中共中央关于全面深化改革若干重大问题的决定》，明确提出编制全国和地方资产负债表这一重大改革任务，表明了对国家和地方资产负债状况的高度重视，体现了宏观管理对摸清资产负债状况家底的需求。具体来讲，意义主要体现在三个方面：

一是可以摸清"家底"。资产负债核算是我国国民经济核算体系的重要组成部分，它以资产与负债总存量为对象进行核算，可以弄清经济总体和各机构部门的资产负债规模和结构，从宏观上把握全国和不同地区的经济实力。

二是为优化资源配置，推进供给侧结构性改革提供基础信息。编制全国和地方资产负债表可以揭示经济总体和各机构部门的资产配置情况，以及机构部门之间的债权债务关系，从而为优化资源配置，降低杠杆率，推进供给侧结构性改革提供基础信息。

三是有利于防范化解重大经济风险。资产负债表可以提供政府、企业、居民和经济总体的债务、资产负债率等重要信息，有利于及早发现和防范处置重大经济风险。

71. 编制全国和地方资产负债表遵循的基本原则

编制全国和地方资产负债表工作涉及面广，难度大，技术要求高，推进过程应当坚持以下三个基本原则：

一是坚持真实准确与审慎核算相统一。真实准确是统计工作的核心价值，应按照可确认、可计量、可交易、可核实的原则，综合考虑真实性、可行性、谨慎性，对基础资料状况较好、核算方法成熟的项目先进行核算；对核算方法尚不完善、基础数据难以支撑的项目，加强研究探索，逐步将其纳入核算范围。

二是坚持整体推进与分步实施相结合。全国和地方资产负债表编制工作应当注重系统性和协同性，坚持由上而下、统筹谋划、综合考虑、整体推进、分步实施。一是先全国后地方，先编制全国资产负债表，及时总结经验，再编制地方资产负债表；二是先易后难，视项目核算情况分步推进，基础好、方法成熟的项目先行核算，基础资料难以支撑、方法尚不完善的项目则以研究探索为主，对涉及面广、影响重大的项目要先试验再推广；三是先内后外，关于数据应用，先内部使用，待成熟后再对外发布。

三是坚持国际标准与我国实际相协调。世界各国在开展国民经济核算工作时，普遍遵循 2008 年 SNA 的基本概念、基本分类、核算方法等国际标准，但也不是完全照搬，都结合本国实际或多或少做了调整。我国地域广阔，各地发展不平衡，经济结构差别较大。因此，在编制全国和地方资产负债表时，要从我国的实际出发，充分考虑我国核算工作的基础、核算的数据需求，不断总结经验，探索创新，逐步建立一套既科学规范又符合我国国情的全国和地方资产负债表编制制度。

72. 我国国民经济核算中的资产和负债

资产是根据所有权原则界定的经济资产，即资产必须为某个或某些经济单位所拥有，其所有者因持有或使用它们而获得经济利益。资产包括非金融资产和金融资产。其中，非金融资产包括由生产形成的固定资产（包括知识产权产品）、存货、贵重物品等生产资产，以及某些不是在生产过程中形成但符合经济资产条件的自然资源资产、商誉等非生产资产。金融资产包括通货、存款、贷款、股权和投资基金份额、债务性证券、保险准备金和社会保险基金权益、金融衍生品和雇员股票期权、国际储备、其他等。按照上述定义，无法有效确认所有权的大气等自然资源与环境，以及尚未发现或在现有条件下难以开发利用、短期内不能为其所有者带来任何经济利益的矿藏等，不在资产范围之内。

负债依据具有法律约束力的合同确定，该合同规定了债务人应向债权人依合同无条件付款，并明确了付款期限、方式等。在资产负债核算中，负债就是金融负债，非金融资产没有对应的负债。负债包括的项目与金融资产一致，即每一项金融资产都有对应的负债方。

73. 国民经济核算中的资产负债核算与会计资产负债核算的主要区别

国民经济核算中的资产负债核算与会计资产负债核算都是对一定时点上经济资产负债存量的核算，前者是宏观层面核算，后者是微观层面核算，二者存在密切的联系，会计资产负债表是编制国民经济核算资产负债表的重要基础数据，但是国民经济核算资产负债表并不是会计资产负债表的简单汇总，两者在核算目的、对象、标准、范围、分类和计价方法等方面都存在差异。

核算目的不同。编制国民经济核算中的资产负债表，目的是揭示特定时点上一个国家或地区资产和负债的总量、分布和结构，包括政府、居民、非金融企业、金融机构等机构部门的资产负债信息，以摸清“家底”，揭示风险，服务政府管理。会计资产负债表的目的是提供企业、行政、事业等单位的财务信息，包括其在某一特定时点所拥有或控制的经济资源、所承担的现时义务和所有者对净资产的要求权，以反映企业单位的财务状况，为经营管理者做出经营决策提供参考。

核算对象不同。国民经济核算中的资产负债表以经济总体和机构部门，即非金融企业部门、金融机构、广义政府部门和住户部门为核算对象；会计资产负债表的核算对象是单个机构单位或独立核算的企业、行政机关或事业单位。

核算标准不同。国民经济核算中的资产负债表的编制标准是国家统计局颁布的《中国国民经济核算体系（2016）》；会计资产负债表的编制标准是财政部颁布的会计准则。

核算范围不同。国民经济核算中的资产负债表的范围更为宽泛，既包括会计资产负债核算的范围，又包括未经过交易活动但符合资产负债核算概念的资产，如资源资产。会计资产负债表中资产负债范围仅是核算主体所拥有的、经过交易活动的并能以货币计量的各种资产与负债。

核算分类不同。国民经济核算中的资产负债表按照资产使用特征及性质分类，把资产划分为非金融资产和金融资产，负债指金融负债，其内容与金融资产相同；会计资产负债表中的资产则是按资产周转快慢特性，即流动性划分的，包括流动资产、长期投资、固定资产、无形资产等，负债按偿还期长短分为流动负债和长期负债。

计价方法不同。国民经济核算中的资产负债表主要是按照市场价格计价，对缺乏市场价格资料的资产负债项目按照合适的估价方法进行估价；会计资产负债表主要采用历史成本价原则，即采用资产和负债发生时的实际成本计价。

74. 广义政府部门资产负债表与财政政府资产负债表的关系

广义政府部门资产负债表是国民经济核算资产负债表的一部

分，由统计部门负责编制。财政政府资产负债表由财政部门负责编制，是编制广义政府部门资产负债表非金融资产的重要数据基础，但两者在核算目的、原则、分类等方面都存在差异。

核算目的不同。广义政府部门资产负债表反映广义政府部门在某一特定时间上的资产负债规模、结构及资产净值，反映政府财富水平。财政政府资产负债表反映政府财务状况、运行情况，反映政府提供公共服务的责任和能力。

核算对象不同。广义政府部门资产负债表包括各级党政机关、群众团体、事业单位、基层群众性自治组织等。财政政府资产负债表核算对象包括行政单位、事业单位、社会团体、公益性国有企业（主要从事公益性项目融资、建设或运营任务的国有或国有控股企业）、土地储备资金等。两者主要不同点在于：广义政府部门资产负债表包括基层群众性自治组织，财政政府资产负债表不包括；财政政府资产负债表包括公益性国有企业，广义政府部门资产负债表不包括。

核算分类不同。广义政府部门资产负债表按照资产使用特征及性质分类，把资产划分为非金融资产和金融资产，负债指金融负债，其内容与金融资产相同；财政政府资产负债表与现行会计制度科目一致，按资产周转快慢特性，即流动性划分资产，包括流动资产、长期投资、固定资产、无形资产等，负债按偿还期长短分为流动负债和长期负债。

计价方法不同。广义政府部门资产负债表原则上采用市场交易价格估价，若没有市场交易价格，采用合适的估价方法核算；财政政府资产负债表是会计报表，直接从会计账簿取数，以历史成本法为主，无法取得历史成本的情况下，采用重置成本、可变现净值等方法。

75. 国民经济核算中的资产负债表与财政部国有资产报告的关系

国民经济核算中的资产负债表是按照国民经济核算标准编制，由统计部门负责编制。国有资产报告是根据《关于建立国务院向全国人大常委会报告国有资产管理情况制度的意见》的要求，由财政部门负责编制。两者既有联系，又有区别。

核算目的不同。国民经济核算中的资产负债表的目的，是揭示特定时点上一个国家或地区资产和负债的总量、分布和结构，包括政府、居民、非金融企业、金融机构等机构部门的资产负债信息，以摸清"家底"，揭示风险，服务政府管理。财政部国有资产报告反映各类国有资产的基本情况，以摸清国有资产家底，推动规范和改进国有资产管理，实现国有资产监督制度化、规范化。

核算对象不同。国民经济核算中的资产负债表以整个经济总体和机构部门，即非金融企业部门、金融机构、广义政府部门和住户部门为核算对象，既包括国有部门，又包括非国有部门。财政部国有资产报告的核算对象是国有非金融企业、国有金融机构和广义政府，只包括国有部门，不包括非国有部门。国有资产报告的核算对象在 SNA 中统称公共部门。

核算内容不同。国民经济核算中的资产负债表核算的是经济总体和机构部门的资产、负债及资产净值，全部为价值量核算。资产分为非金融资产和金融资产，每项资产和负债又按照国际标准，结合我国国情，进行了详细分类。财政部国有资产报告反映国有资产总体情况，除资产总额、负债总额，还包括营业收入、利润及国有企业负责人平均薪酬等与国有企业有关的经济指标，也包括按实物量核算的水资源、矿产、煤炭等自然资源拥有量。

资产负债分类不同。国民经济核算中的资产负债表按照资产使用特征及性质分类，把资产划分为非金融资产与金融资产，负债指金融负债，其内容与金融资产相同；财政部国有资产报告中只有资产和负债两类，未对资产和负债进行细分类。

计价方法不同。广义政府部门资产负债表原则上采用市场交易价格估价，若没有市场交易价格，采用合适的估价方法核算；财政部国有资产报告遵循会计核算原则，数据来自会计报表，主要采用历史成本法计价。

76. 资产负债表中资产净值的经济含义

资产净值是指资产负债核算中机构部门或经济总体全部资产（即非金融资产和金融资产之和）减去全部负债后的差额，是机构部门和经济总体所拥有财富的真实体现。资产大于负债用正数表示，反之用负数表示。按照国民经济核算原理，投资者投入企业的股权资产属于投资者的金融资产，同时作为被投资企业的金融负债，这与企业财务会计资产负债表将股权作为企业的净资产（所有者权益＝资产－负债）记账方式不同。因此，非金融企业部门和金融机构部门的资产净值无经济含义。但对于广义政府部门和住户部门，因为其投入企业的股权资产作为金融资产核算，其资产净值反映的是本部门拥有的净资产，代表本部门的财富水平。

77. 资产负债的重估价

在编制资产负债表时若直接采用企业、行政事业会计记帐的概念和数据（即各类资产的价值按历史成本价格计价，不考虑和剔除核算期内市场价格变动因素的影响），其结果，一是会导致各种资本存量价值不能在一致的基础上进行加总，二是会直接影响各种资本存量价值的准确性和真实性，三是会使得国民经济核算中的流量与存量核算在计价原则上不能相互衔接和统一。

为了克服会计核算资料的局限性，剔除市场价格变动因素的影响，使不同时期获得的各类资产在计价上具有一致性和可比性，正确核算各种资产的存量价值，根据国民经济核算的原则与规定，在编制资产负债表时，必须对每一类资产负债都按编表时点的市场价格估价。重估价的主要方法有市场现价法、永续盘存法和净现值法等。

78. 永续盘存法

永续盘存法原是企业会计确定存货数量的一种方法，该方法是根据“期末存货＝期初存货＋本期增加－本期减少”的平衡关系，推算其期末存货。国民经济核算中，把根据这一思想对资产进行重估价的方法也称之为永续盘存法，基本公式为：

$$K_t = K_{t-1} \times (1-\delta) + I_t$$

其中，K_t 是第 t 年某类资产的不变价资本存量，δ 是折旧率，I_t 是第 t 年增加的某类资产（流量数据）。

根据基本公式，使用永续盘存法需要掌握的关键资料包括该资产的初始存量、资产的价格指数、使用年限、折旧方法等。在我国资产负债核算中，这些关键资料通常结合我国实际国情、各类资产的自身特点、企业所得税法对各类固定资产折旧的有关规定或国外经验数据综合考虑确定。目前，在我国资产负债表中，固定资产中的房屋与构筑物、机器与设备、研究与开发、矿藏勘探与评估、计算机软件与数据库等项目采用永续盘存法估价。

79. 净现值法

净现值法是借助于资产价值的经济学定义估算资产价值的方法，某一资产的价值首先取决于该资产在其使用年限内预期获得的租金收入(自用资产可以根据其预期收益虚拟租金收入)的价值,这里的租金收入指某一资产在每一核算期内获得的收入。由于所产生的租金收入要跨越不同年份,在核算期末要将未来年份的租金收入折算为现值。这一过程称为贴现,通常以长期债券的利息率作为贴现率。计算公式为:

$$w=\sum_{t=1}^{T}\frac{y_t}{(1+r)^t}$$

其中,w 指资产的价值,y_t 指 t 年租金收入,r 指贴现率,T 指资产使用年限。

80. 股权核算的主要内容

在资产负债表中,股权属于股权投资者的资产,同时是股权发行者(融资者)的负债。股权分为上市公司股权和非上市公司股权两种。上市公司股权是指在证券交易所或有组织的金融市场上有规则地交易的公司股票。非上市公司股权是指未在证券交易所上市的权益性证券,常见于直接投资企业、私人权益资本、合资企业和非法人企业等。

根据 2008 年 SNA 核算标准,资产和负债应当采用可观测的市场价格估价。如果资产在市场上能够正规、活跃、自由地交易,则用现期市场交易价格核算。如果资产没有市场交易和市场价格,就需要按照一个假定价格进行估算,即假定在资产负债表编表日在市场上获得该资产的可能价格。因此,上市公司股权可以直接按交易价格进行估价。2008 年 SNA 推荐了一些估算非上市公司股权的方法,比如近期交易价格法、净资产价格法等。考虑到我国基础资料情况,目前采用会计账面价值法核算非上市公司股权。会计账面价值等于实收资本、资本公积、盈余公积、未分配利润等会计项目之和,即企业所有者权益(净资产)。

81. 保险准备金核算的主要内容

保险准备金是保险人为保证其如约履行保险赔偿或给付义务，根据政府有关法律规定或业务特定需要，从保费收入或盈余中提取的与其承担的保险责任相对应的一定数量的基金，主要包括未到期责任准备金、未决赔款准备金、寿险责任准备金、长期健康险责任准备金等。非金融企业部门、金融机构部门、广义政府部门和住户部门作为投保人，持有保险准备金资产；同时，金融机构部门作为保险责任人，承担保险准备金负债。

82. 社会保险基金权益核算的主要内容

社会保险基金权益是指社会保险基金净权益，包括各种社会保险形式的累计结余。目前，我国的社会保险主要包括失业保险、基本养老保险、基本医疗保险和企业年金、职业年金计划等。社会保险基金净权益，是投保人的金融资产，广义政府部门的负债。

83. 知识产权产品存量核算的主要内容

知识产权产品包括研究与开发、矿藏勘探与评估、计算机软件与数据库，娱乐、文学和艺术品原件等。研究与开发是指为了增加知识储备并利用这种知识储备开发新的应用，系统性地从事创造性工作而支出的价值。矿藏勘探与评估是指对石油、天然气和非石油矿藏进行勘探，并随后对这些发现进行评估所支出的价值。计算机软件包括计算机程序、程序描述和系统与应用软件的支持材料，数据库是指某种允许高效访问和使用数据的方式组织起来的数据文件。娱乐及文学和艺术品原件是指记录或体现有戏剧表演、广播电视节目、音乐表演、体育比赛、文学和艺术作品等的影片、录音、手稿、磁带和模型等。受基础资料限制，目前仅核算研究与开发、矿藏勘探与评估、计算机软件与数据库三类，通过永续盘存法进行估价核算。

84. 土地价值核算的主要内容

按照 2008 年 SNA 关于资产的定义，纳入资产负债核算范围的土地必须满足两个条件：一是某个或某些单位能够对其行使有效的所有权，二是其所有者会因对土地的持有或在一段时间内的使用而获取经济利益。

原则上，资产负债核算中应当将土地的价值与土地之上建筑物的价值分开核算，但在现实中，土地经常与其上的房屋或其他构筑物及种植园等一起被购买或出售，难以区分土地价值和其上建筑物的价值。为此，土地价值通常采用以下三种方法核算：一是如果可以直接获取其上有建筑物的土地的市场价格，可直接使用土地的市场价格对其进行估价；二是当无法直接获得土地价格的数据时，可采用土地建筑物比例法，即根据利用建筑物的重置成本或土地和建筑物的合并市场价值，与土地价值和建筑物价值的比率，推算出土地的价值；三是如果土地价值不能与其上的建筑物、种植园等分开，且后者占比较大，土地价值应一并计入建筑物、种植园。

在我国，土地与其上的建筑物一般是一同买卖，当人们购买一套住房时，并不能区分出购房款项中有多少是用于购买房子本身，有多少是用于购买楼房下面的土地。因此，在我国资产负债表中，固定资产项下的房屋和构筑物中包含了房屋和构筑物下的土地的价值，土地暂未作为一项资产单独列示。

85. 金融负债与债务的区别与联系

金融负债是指一单位承担的在特定条件下对另一单位进行支付或系列支付的义务。国民经济核算中的金融负债与金融资产一一对应（金融机构部门作为储备资产而持有的货币黄金除外，货币黄金是唯一没有相应负债的金融资产），按照《中国国民经济核算体系（2016）》概念和范围，金融负债包括通货、存款、贷款、股权和投资基金份额、债务性证券、保险准备金和社保基金权益、金融衍生品和雇员股票期权、国际储备、其他。债务由所有属于债务工具的负债组成，包括通货和存款、贷款、债务性证券、保险准备金及其他应付款。债务工具是要求债务人在未来向债权人支付利息和/或本金的金融债权。债务的口径比负债要小，它不包括股权与投资基金份额、金融衍生品和雇员股票期权。

第六章

国际收支核算

第六章 国际收支核算

86. 国际收支核算的主要内容

国际收支核算是以对外经济交易为对象，旨在反映某一经济体居民（常住单位）与世界其他地区（国外，即非常住单位）之间的经济关系。通过编制国际收支平衡表和国际投资头寸表，可对一定时期我国与其他国家或地区之间发生的货物、服务、收入方面的交易，无偿转让和资本往来进行系统的核算，综合反映我国的国际收支状况、收支结构、储备资产的增减变动情况，以及我国对外金融资产和负债的存量状况。其核算结果为制定对外经济政策，分析影响国际收支平衡的基本经济因素，采取相应的宏观调控措施提供依据。国际收支核算与其他核算中有关国外部分的流量核算及存量核算相衔接，反映对外交易的过程和结果，是国民经济核算体系的重要组成部分。

完整的国际收支核算由国际收支平衡表和国际投资头寸表共同构成。其中，国际收支平衡表反映一定时期内某一经济体居民（常住单位）与非居民（非常住单位）之间发生的一切经济交易，包括三大部分，即经常账户、资本和金融账户（含国际储备）、净误差与遗漏；国际投资头寸表反映特定时点上某一经济体居民对外金融资产和负债的存量状况，以及在一定时期内由交易、价格、汇率变化和其他调整引起的存量变化。国际投资头寸表中的项目与国际收支平衡表中的金融账户的项目一致，包括直接投资、证券投资、金融衍生品和雇员股票期权、其他投资，以及国际储备。

87. 国际收支统计中的职能类别

国际收支统计中的金融工具分类与 2008 年 SNA 一致，在此基础上，国际收支还设置了其特有的职能类别。职能类别是指国际账户中每笔金融交易、头寸所采用的基本分类，包括直接投资、证券投资、金融衍生品、其他投资和国际储备。

直接投资是跨境投资的一种，特点是，一经济体居民（常住单位）对另一经济体的居民企业实施了管理上的控制或重要影响。相关投资工具可划分为股权和关联企业债务。股权包括股权和投资基金份额，以及再投资收益。关联企业债务包括关联企业间可流通和不可流通的债权和债务。

证券投资指没有被列为直接投资或国际储备的债务证券或股权证券方面的投资。相关投资工具可划分为股权和债券。股权证券包括股权和投资基金份额，记录在证券投资项下的股权和投资基金份额均应可流通（可交易）。股权通常以股份、股票、参股、存托凭证或类似单据作为凭证。投资基金份额指投资者持有的共同基金等集合投资产品的份额。债券指可流通的债务工具，是证明其持有人（债权人）有权在未来某个（些）时点向其发行人（债务人）收回本金或收取利息的凭证，包括可转让存单、商业票据、公司债券、有资产担保的证券、货币市场工具以及通常在金融市场上交易的类似工具。

金融衍生品（又称金融衍生工具）和雇员股票期权，用于记录我国居民与非居民之间金融衍生品和雇员股票期权交易和头寸情况。金融衍生合约是一种金融工具，该金融工具与另一个特定的金融工具、指标或商品挂钩，通过这种挂钩，可以在金融市场上对特定金融风险本身进行交易。雇员股票期权作为一种报酬形式，是公司向其雇员提供的一种购买公司股权的期权。

其他投资，指除直接投资、证券投资、金融衍生品和国际储备外，居民与非居民之间的其他金融交易。其他投资包括其他股权、货币和存款、贷款、保险和养老金权益、贸易信贷以及其他应收/应付款和特别提款权负债。

国际储备，指我国中央银行拥有的用于国际收支目的的对外资产，包括外汇、货币黄金、特别提款权、在基金组织的储备头寸等。

88. 国际收支平衡表中净误差与遗漏的形成原因

国际收支平衡表的编制采取复式记账法，遵循“有借必有贷，借贷必相等”的会计原则。但在实际编制国际收支平衡表时，由于数据源包括海关、商务部、统计局等多个部门的数据，这些数据的统计时点、统计口径存在差异，不同数据源的折算汇率也可能不同，这导致误差与遗漏不可避免。为此，按照国际标准，国际收支平衡表中设置了一个统计平衡项目，即“净误差与遗漏”，各国国际收支平衡表都有净误差与遗漏项目。净误差与遗漏既有可能源于经常账户，也可能源于资本和金融账户，不能简单将其方向、规模和变化等同于热钱流入或资本外逃。

89. 国际储备与外汇储备的关系

国际储备是由货币当局控制，并随时可供货币当局用来满足国际收支资金需求，用以干预汇兑市场、影响货币汇率，以及用于其他相关目的（例如，维护对货币和经济的信心，作为向外国借款的基础）的对外资产。国际储备必须是外币资产和实际存在的资产，不包括或有的资产。

国际储备包括货币黄金、特别提款权持有、在基金组织的储备头寸、外汇储备和其他储备资产。其中，外汇储备包括以外币形式持有的货币和存款、证券（包括债务和股本证券）、金融衍生产品和其他债权（贷款和其他金融工具）等。

从以上二者的概念和内涵可以看出，外汇储备是国际储备的一个重要组成部分。在国际收支平衡表和国际投资头寸表中，外汇储备是国际储备的一个子项。

90. 国际收支平衡表和国际投资头寸表的关系

国际收支平衡表中的金融交易是引起国际投资头寸变化的主要原因，这构成国际收支平衡表与国际投资头寸表之间的主要联系，二者在核算原则上是一致的。如，我国货物贸易出口带来外汇收入，平衡表中贷记货物出口，同时借记金融账户中存款等金融资产增加，国际投资头寸表中存款等金融资产余额相应增加。

除了金融交易外，价格变动、汇率变化和其他调整也会引起对外金融资产负债余额的变动。如，我国居民持有股票，如果期末价格较购买时大幅上涨，则这些股票资产价值随之增加，这种与交易无关的价格变动（持有损益）属于非交易变动的一种。

此外，国际投资头寸表中的对外资产负债会产生投资收益（如利润、利息和股息），即形成从国外获得的投资收益和对外支付的投资收益，这些交易记录在国际收支平衡表经常账户的初次收入中。

91. 国际收支平衡表与国内生产总值核算的关系

国际收支平衡表与GDP有直接关系的指标是经常账户下的货物和服务的进口和出口。进口和出口是支出法GDP的组成部分，它们之间的关系反映在以下等式中：

支出法GDP＝最终消费支出＋资本形成总额＋（出口－进口）

92. 国际收支平衡表交易项目与资金流量表交易项目的对应关系

国际收支平衡表与资金流量表的关系主要表现为国际收支项目与资金流量表国外部门的关系。在记录方式上，两者有所不同，国际收支平衡表核算对外交易，站在常住者的角度，而资金流量表核算对外交易站在非常住者的角度。国际收支平衡表（简称 BOP 表）与资金流量表（简称 FOF 表）的国外部门在主栏项目上的对应关系如下：

"BOP 表经常账户"借方与"FOF 表国外部门"来源方的对应关系

国际收支平衡表（借方）	资金流量表国外部门（来源方）
货物和服务差额	净出口
雇员报酬	劳动者报酬
投资收益	财产收入（利息、红利等）
其他初次收入	财产收入（其他）
二次收入	经常转移（其他）
经常账户差额	总储蓄

"BOP 表经常账户"贷方与"FOF 表国外部门"使用方的对应关系

国际收支平衡表（贷方）	资金流量表国外部门（使用方）
雇员报酬	劳动者报酬
投资收益	财产收入（利息、红利等）
其他初次收入	财产收入（其他）
二次收入	经常转移（其他）

"BOP 表资本账户"借方与"FOF 表国外部门"来源方的对应关系

国际收支平衡表（借方）	资金流量表国外部门（来源方）
资本账户	资本转移（其他）

"BOP 表资本账户"贷方与"FOF 表国外部门"使用方的对应关系

国际收支平衡表（贷方）	资金流量表国外部门（使用方）
资本账户	资本转移（其他）

"BOP 表金融账户"资产项与"FOF 表国外部门"来源方的对应关系

国际收支平衡表	资金流量表国外部门(来源方)
直接投资	国外直接投资
证券投资	证券
其他投资	通货
	存款
	贷款
	保险准备金
	金融机构往来

"BOP 表金融账户"负债项与"FOF 表国外部门"使用方的对应关系

国际收支平衡表	资金流量表国外部门(使用方)
直接投资	国外直接投资
证券投资	证券
其他投资	通货
	存款
	贷款
	保险准备金
	金融机构往来

"BOP 表国际储备项"与"FOF 表国外部门"来源方的对应关系

国际收支平衡表	资金流量表国外部门(来源方)
外汇储备	外汇储备
在基金组织的储备头寸	在基金组织的储备头寸
其他债权	其他债权

93. 国际投资头寸表项目与资产负债表项目的关系

国际投资头寸表是一国对外金融资产与负债的存量统计表,它反映某一时点上对外金融交易的价值及构成。

国际投资头寸表是编制资产负债表国外部门的重要数据来源。国际投资头寸表中的资产分为在国外直接投资、证券投资、金融衍生品(储备除外)和雇员股票期权、其他投资和国际储备。负债包括来华直接投资、证券投资、金融衍生品(储备除外)和雇员股票期权、其他投资,与资产负债表中资产和负债的对应关系如下:

从资产方看,“在国外直接投资”属于我国的债权,在资产负债表中,同时记录为非金融企业部门的资产和国外的负债;“证券投资”是我国金融机构购买的国外各种有价证券,属于我国的债权,在资产负债表中,同时记录为金融机构部门的资产和国外的负债;“金融衍生品”是我国对国外的金融资产,同时记录为资产负债表相应机构部门的资产和国外的负债;“其他投资”包括通货和存款、贷款、保险养老金和标准化担保计划、贸易信贷和预付款、其他,是我国有关部门对国外的金融资产,同时记录为资产负债表中非金融企业部门、金融机构部门的资产和国外的负债;“国际储备”是我国中央银行持有的、可以直接控制的金融资产,同时记录为资产负债表中金融机构部门的资产和国外的负债。

从负债方看,“来华直接投资”属于我国的债务,在资产负债表中,同时记录为非金融企业部门的负债和国外的资产;“证券投资”是我国金融机构对外发行的各种有价证券,属于我国的债务,在资产负债表中,同时记录为金融机构部门的负债和国外的资产;“金融衍生品”和“其他投资”是我国有关部门对国外的金融负债,在资产负债表中,同时记录为相应机构部门的负债和国外的资产。

第七章
资源环境核算

第七章　资源环境核算

94. 探索编制自然资源资产负债表的意义

编制自然资源资产负债表是党中央、国务院部署的重大政治任务。党的十八届三中全会明确提出要探索编制自然资源资产负债表。党中央、国务院印发的《生态文明体制改革总体方案》中对探索编制自然资源资产负债表提出明确要求。

编制自然资源资产负债表是推进生态文明建设的必然要求。生态文明建设是中国特色社会主义事业五位一体总布局的重要内容，关系发展目标质量，关系人民福祉，关乎民族未来，事关实现“两个一百年”奋斗目标和中华民族伟大复兴中国梦。编制自然资源资产负债表是生态文明建设和生态文明体制改革的一项重要基础性制度建设。

编制自然资源资产负债表是落实新发展理念的基本保障。党的十八届五中全会提出了要以新的发展理念引领发展行动，提出必须牢固树立并切实贯彻创新、协调、绿色、开放、共享的发展理念。自然资源资产负债表以资产核算账户的形式，对全国和各地区主要自然资源资产的存量及增减变化、质量及其变化进行分类核算，可以全面反映全国和各地区的自然资源存量、质量及变动情况，揭示经济活动主体对自然资源资产的占有、使用、消耗、恢复和提质活动情况，为制定地区发展战略、产业优化布局和衡量经济发展的资源消耗、环境损害、生态效益提供基础依据，为建立绿色发展绩效评价考核机制、开展领导干部自然资源资产离任审计等提供量化指标信息支撑，对推动协调发展、绿色发展理念的落实，具有不可替代的作用。

编制自然资源资产负债表是健全自然资源统计和核算制度的有力抓手。开展编制自然资源资产负债表工作，将有利于推动建立健全科学规范的自然资源统计调查和监测制度，促进自然资源统计监测信息的整合，提高自然资源统计监测数据质量，进而推动建立健全资源环境核算体系。

95. 自然资源资产和负债的概念

自然资源资产是指那些人类能够控制和管理且能够给人类带来经济、文化和生态利益的自然资源，不包括人类暂时无法控制和管理的诸如空气、阳光之类的自然资源。联合国等国际组织制定的《2012 环境经济核算体系—中心框架》将自然资源定义为所有天然生物资源(包括林木和水生资源)、矿产资源和能源、土壤资源和水资源。该中心框架中没有提及自然资源资产概念，使用环境资产概念，后者指地球上自然出现的、并共同构成了为人类提供惠益的生物物理环境的生命和非生命因素，包括土地、土壤、水、林木、水生资源、矿产资源和能源。

《2012 年环境经济核算体系——中心框架》没有提及自然资源负债概念。国内学术界也对如何界定自然资源负债争议较大，大致有以下几种观点：第一种观点认为自然资源负债就是自然资源管理成本；第二种观点认为自然资源负债就是自然资源消耗成本及其造成的环境退化成本；第三种观点认为自然资源负债是指自然资源过度利用的部分；第四种观点认为自然资源负债应包括自然资源过度利用成本、自然资源使用过程中对环境造成的损害成本、自然资源被消耗后造成的生态系统服务损失成本；第五种观点认为自然资源负债应为自然资源现状与其指定状态之间差距所形成的现时义务。目前，在我国自然资源资产负债表编制工作中暂不涉及自然资源负债概念。

96. 我国自然资源资产负债表的核算内容

我国探索编制自然资源资产负债表主要工作内容包括编制土地、林木、水和矿产等 4 种自然资源的资产账户。自然资源资产账户的主栏一般为年(期)初存量、存量增加、存量减少和年(期)末存量,宾栏为特定自然资源的细分项。其中,土地资源资产账户包括土地资源存量及变动表、耕地质量等级及变动表、草地质量等级及变动表;林木资源资产账户包括林木资源存量及变动表和森林资源质量及变动表;水资源资产账户包括水资源存量及变动表和水环境质量及变动表;矿产资源资产账户包括煤炭、石油、天然气 3 种重要能源资源和铁、铜、铝土、铅、锌、钨、锡、钼、金、银、硫、磷等十余种重要金属和非金属固体矿产资源的存量及变动表。

97. 我国开展自然资源资产负债表试编工作情况

2013 年 11 月,党的十八届三中全会审议通过的《中共中央关于全面深化改革若干重大问题的决定》提出探索编制自然资源资产负债表改革任务。按照党中央、国务院的决策部署,国家统计局会同有关部门,在深入调查研究、借鉴国际经验、广泛征求各方面意见基础上,制定了《编制自然资源资产负债表试点方案》(以下简称《试点方案》)。2015 年,中央全面深化改革领导小组第十四次会议审议通过了《试点方案》,并于同年 11 月由国务院办公厅印发。同年 12 月,国家统计局等 8 部门联合印发《自然资源资产负债表试编制度(编制指南)》,编制自然资源资产负债表试点工作正式启动,并在省、市、县三个不同行政层级内同时开展。2018 年 12 月,在总结试点工作经验的基础上,国家统计局等 8 部门联合印发《自然资源资产负债表试编制度(试行)》,正式在国家和 31 个省(区、市)开展自然资源资产负债表试编工作。与此同时,为了进一步厘清在县级层面编制自然资源资产负债表的可行性和支撑条件，国家统计局等 8 部门联合印发《县级自然资源资产负债表编制试点方案》（含《县级自然资源资产负债表编制制度（试行）》），并在全国 4 个县级地区继续开展自然资源资产负债表编制试点工作。2019 年，已经完成了 2016 年和 2017 年全国和省级自然资源资产负债表的试编工作。

98. 探索编制自然资源资产负债表工作的组织实施

探索编制自然资源资产负债表工作是在发展改革、财政、审计部门的积极支持下，由统计、自然资源、生态环境、水利、农业农村、林业和草原等部门密切协作，共同组织实施的。其中，统计部门负责牵头组织协调，制定工作方案和编制制度，检查指导编制工作，汇总、审核、评估和提供相关部门的编制结果。自然资源、生态环境、水利、农业农村、林业和草原等部门负责收集相关基础资料，建立自然资源存量及变化统计台账，编制土地资源资产账户（自然资源、农业农村、林业和草原部门负责）、林木资源资产账户（自然资源、林业和草原部门负责）、水资源资产账户（水利、自然资源、生态环境部门负责）和矿产资源资产账户（自然资源部门负责）中的有关表格，并将报表、编制说明和有关基础数据在规定时间内报送同级统计部门，后者将汇总、审核、评估后的报表报送上一级统计部门。

99. 国内生产总值核算不反映资源环境的变化

国民经济核算对于市场经济体制下的国民经济分析和管理是非常有效的。通过国内生产总值（GDP），可以把国民经济全部生产活动的产出最终成果概括为一个极为简明的统计数字，从而为衡量一国经济状况提供了一个最为综合的衡量尺度。正因为如此，在宏观经济管理中，GDP 成为衡量一国经济增长和国家政策效应的主要尺度而倍受关注。由于核算 GDP 所基于的增加值是从总产出扣除中间投入得到的，而中间投入仅限于生产过程中使用的与产出相对应的货物和服务消耗，不反映或不能完全反映对资源的消耗和环境的变化，因此，开展资源环境核算有利于弥补 GDP 核算的不足，客观反映经济与环境之间的相互作用，以及环境资产数量、质量状况及其变化。

100. 环境经济核算体系

环境经济核算体系（The System of Environmental Economic Accounting ，简称 SEEA）是国际上公认的环境经济核算标准，它为核算环境及其与经济的关系提供了一个框架。通过采用一系列国际公认的概念、定义、分类、核算规则等，SEEA 将经济信息和环境信息统筹在一起开展核算，形成一个可进行国际比较的统计方法框架。SEEA 主要由两个部分组成，即《2012 年环境经济核算体系——中心框架[⑤]》（简称 2012 年 SEEA－CF）和《2012 年环境经济核算体系——实验性生态系统核算[⑥]》（简称 SEEA－EEA）。2012 年，经联合国统计委员会第 43 届会议审议通过，2012 年 SEEA－CF 成为环境经济核算领域体系的首个国际统计标准。2012 年 SEEA－EEA 也正在朝着成为联合国生态系统核算统计标准而努力。

⑤ 中心框架，即 Central Framework，简称 CF。

⑥ 实验生态系统核算，即 Experimental Ecosystem Accounting，简称 EEA。

第八章

“三新”经济和派生产业核算

第八章 “三新”经济和派生产业核算

101.新兴经济和“三新”经济

新兴经济，也称新经济(New Economy)，是相对传统经济而言的一种定性说法，表示经济运行特征有了某种革命性的变化。20世纪90年代以来，信息、计算机、通信技术与设备在经济的各行各业中应用日益深广，新的生产服务方式、生活消费方式不断产生，知识、平台、数据成为关键的经济生产要素。随着认知的加深和关注点不同，新兴经济被赋予了不同的名字，如知识经济、信息经济、互联网经济，以及近年来广受关注的数字经济等。

新兴经济是经济新的驱动力和增长极，对我国经济转型、高质量发展发挥了重要作用。为及时准确反映我国新兴经济发展情况，国家统计局在深入调查研究和充分借鉴国际上已有研究成果的基础上，初步提出了我国新兴经济核算的基本概念、原则和方法。在统计领域，一般以“三新”(即新产业、新业态、新商业模式)经济来指代新兴经济。

新产业，指应用新科技成果、新兴技术而形成的一定规模的新型经济活动。主要包括：新技术应用产业化直接催生的新产业；传统产业通过采用信息技术等现代科技转化形成的新产业；由科技成果、信息技术的推广应用，推动产业分化、升级、融合而衍生的新产业。

新业态，指顺应多元化、多样化、个性化的产品或服务需求，依托技术创新和应用，从现有产业和领域中衍生叠加出的新环节、新链条、新活动形态。具体表现为：以互联网为依托开展的经营活动；商业流程、服务模式或产品形态的创新、提供更加灵活、快捷的个性化服务。

新商业模式，指为实现用户价值和企业持续盈利目标，对企业经营的各种内外要素进行整合和重组，形成高效并具有独特竞争力的商业运行模式。主要特点是：将互联网与产业创新融合；把硬件融入服务；提供消费、娱乐、休闲、服务的一站式服务。

102. 新兴经济核算对国民账户体系中心框架的挑战

国民账户体系（SNA）是一套按照经济学原理，遵循严格核算规则进行经济活动测度的标准，包含了完整的概念、定义、分类和核算原则，形成了具有整体性、全面性、一致性的框架体系，同时又兼具灵活性，可利用卫星账户等扩展国民经济核算领域，测算如旅游、环境和卫生等专门领域的发展变化。在信息技术浪潮的推动下，新兴经济如雨后春笋般涌现，形成了一个非常重要的专门领域，促进了经济发展、改变了人们生活方式，同时也给产生于工业化时代的 SNA 带来一些严峻的挑战。

一是对核算原则和核算方法带来挑战。新兴经济的产生，很多互联网网站提供大量的免费或者低价的服务，比如内容服务、商品信息等，企业收益主要来自广告收入。按照 SNA 市场交易价格的核算原则和方法，互联网提供的免费或者价格低廉的服务生产，以及居民对这些服务的消费，都可能被忽略或者低估。如何准确核算这类免费或低价服务的价值，对 SNA 核算原则和方法是一个巨大挑战。

二是对生产者和消费者的划分带来挑战。随着互联网的发展，不仅传统的企业对企业、企业对个人的交易模式发生了变革，而且，通过互联网平台还实现了消费者对消费者、消费者对企业的交易。传统意义上消费者就是消费者，而现在消费者可能既是消费者又是生产者，两者之间的界限变得模糊。如何区分消费者与生产者，对

SNA 生产者界定带来挑战。

三是对消费品和投资品划分带来挑战。按照 SNA 界定，居民购买的轿车属于消费品。但是，随着新兴共享经济网络平台的发展，一些私家车主也利用私家车提供出租运营服务而获得收入，这些私家车从事运营活动，实际上发挥了固定资产的作用，应属于投资品。同样，数字经济时代，通过对数据的收集、分析、应用，提供咨询服务活动，数据已具备资产属性，成为所有者的资产，为所有者带来经济利益。这些产品应被界定为消费品还是投资品，对资产范围的界定极具挑战性。

四是对准确衡量居民消费带来挑战。在 SNA 中，居民购买的日用品在购买时计入居民消费支出，但并不记录居民售出二手日用品。在共享经济时代，当居民将闲置日用品转手交易给其他居民时，居民的消费水平得到提升，因此，这种处理方法可能存在一定偏颇。SNA 如何反映共享经济的作用，也是一种挑战。

五是对地区核算带来挑战。常住单位是 SNA 判定生产者、消费者、交易以及创造价值归属的重要概念。以数字平台为代表的新兴经济活动发生在网络空间，涉及撮合交易的平台服务方、交易的生产方和消费方，这三方常位于不同地区，甚至可能跨越不同国度，给准确进行地区核算带来极大挑战。

六是对不变价核算带来挑战。创新和技术进步带来产品功能不断增强，质量不断提升，但价格却不断下降，如何编制价格指数是一个挑战。如果价格指数不能准确地度量产品功能质量的提升，不能客观反映出纯粹的价格变化，那么不变价核算也难以准确反映产品功能增强和质量提升对经济增长的贡献。

103. “三新”经济分类和派生产业分类

“三新”经济及派生产业的分类与国民经济行业分类密不可分。

国民经济行业分类是对全社会经济活动的标准分类，采用经济活动的同质性原则划分行业类别。“三新”经济及派生产业的统计分类是以国民经济行业分类为基础，根据“三新”经济和派生产业的产业特征属性，对基本分类进行重新组合，将国民经济行业、或行业中的部分活动（以“ * ”号标注）进行再分类。

“三新”经济、派生产业的统计分类，一般是基于产品的使用特征或技术评价特征等界定范围，如体育产业的范围是提供各种体育产品（货物和服务）和相关产品的生产活动，专利密集型产业的范围判断标准是专利规模、密集度、研发投入强度等指标高于全国平均水平的行业。近年来，国家统计局颁布的“三新”经济、派生产业统计分类有：《新产业新业态新商业模式统计分类（2018）》《文化及相关产业分类（2018）》《国家旅游及相关产业统计分类（2018）》《体育产业统计分类（2019）》和《知识产权（专利）密集型产业统计分类（2019）》等。

104.“三新”经济核算

党的十八大以来，我国进入经济发展新常态，科技创新和信息技术革命催生了新产业、新业态、新商业模式为核心内容的新动能引擎，“三新”经济带动我国经济持续发展，日益影响世界经济的面貌。

“三新”经济增加值核算意义。“三新”经济核算属于《中国国民经济核算体系（2016）》的扩展核算范畴。开展“三新”经济核算，是从新产业、新业态、新商业模式的角度对经济总体中的创新、新兴成分的描述，反映新常态下经济发展水平、技术升级换代、可持续发展的状况与前景，为各级政府加强经济管理、制定宏观调控决策提供依据。“三新”经济增加值衡量的是从事“三新”经济活动的常住单位在一定时期内进行生产活动而创造的增加值。

“三新”经济增加值核算分类。按照国家统计局印发的《新产业新业态新商业模式统计分类(2018)》,“三新”经济增加值划分9个大类:现代农林牧渔业、先进制造业、新型能源活动、节能环保活动、互联网与现代信息技术服务、现代技术服务与创新创业服务、现代生产性服务活动、新型生活性服务活动、现代综合管理活动。此外,“三新”经济核算还可区分重点领域增加值,包括战略性新兴产业、高技术产业、电子商务等。需要注意的是,由于“三新”重点领域范围存在交叉,“三新”重点领域增加值不能简单相加。

“三新”经济增加值核算方法。“三新”经济增加值利用相关统计资料和国民经济核算资料,采用生产法和收入法相结合的方法进行核算。鉴于“三新”经济活动的特点,“三新”经济增加值核算除了使用大量的常规统计资料和有关部门的行政记录资料等进行核算外,还尝试利用大数据进行核算。例如,利用网络平台订餐信息测算网络订餐服务,利用汽车协会数据测算新能源汽车销售服务,利用国家信息中心共享经济数据测算短租公寓服务,等等。

“三新”经济增加值每年通过国家统计局网站对外发布。

105. 派生产业核算

派生产业核算属于《中国国民经济核算体系(2016)》的扩展核算范畴。派生产业是指在国民经济核算基本概念和基本分类的基础上,通过对某些基本概念的扩展和某些基本分类的重新组合,以及改变处理方法等,对国民经济中某些领域的活动或与国民经济有密切关系的领域进行详细的描述,以满足特定类型分析和专门领域管理的需要。文化及相关产业、旅游及相关产业、体育产业、专利密集型产业等有关产业,都属于派生产业范围。从理论上讲,“三新”经济也属于派生产业的一部分,但为了突出“三新”经济的重要性,通常将其单列。

开展派生产业核算意义重大。一是能够客观描述其经济规模，反映其在国民经济中的相对地位。二是可清晰揭示其对经济发展的贡献及其变化，以及在地区、国家乃至国际市场的竞争力。三是为各级党委政府制定产业政策提供信息支撑，更好地满足社会公众需求。

106. 文化及相关产业核算

文化及相关产业是指为社会公众提供文化产品和文化相关产品的生产活动的集合。文化及相关产业增加值衡量的是一个国家所有常住单位一定时期内进行文化及相关产业生产活动而创造的增加值。

文化及相关产业核算分类。依据国家统计局印发的《文化及相关产业分类(2018)》，文化及相关产业增加值核算分类既可以按国民经济行业划分为文化制造业、文化批发和零售业、文化服务业 3 个大类及其行业小类，也可以按文化活动性质划分文化核心领域和文化相关领域。其中，文化核心领域包括新闻信息服务、内容创作生产、创意设计服务、文化传播渠道、文化投资运营、文化娱乐休闲服务 6 个大类，文化相关领域包括文化辅助生产和中介服务、文化装备生产、文化消费终端生产 3 个大类。

文化及相关产业增加值核算方法。文化及相关产业增加值利用全国经济普查资料、相关统计资料和国民经济核算资料等，采用收入法按年度进行核算。

文化及相关产业增加值每年通过国家统计局网站对外发布。

107. 旅游及相关产业核算

旅游及相关产业是指在国民经济活动中为游客直接提供行、住、吃、游、购、娱等旅游服务，以及为旅游提供相关服务活动的集合。游客，指以游览观光、休闲娱乐、探亲访友、文化体育、健康医疗、短期教育(培训)、宗教朝拜为目的,或因公务、商务等原因,前往惯常环境以外的地点,出行持续时间不足一年的人员。旅游,指游客的活动,即游客的出行、住宿、餐饮、游览、购物、娱乐等活动。旅游及相关产业增加值衡量的是一个国家所有常住单位一定时期内进行旅游及相关产业生产活动而创造的增加值。

旅游及相关产业核算分类。旅游及相关产业增加值核算分类以国家统计局印发的《国家旅游及相关产业统计分类(2018)》为基础,采用两级核算分类。第一级分类按照旅游活动性质分为旅游业和旅游相关产业,其中旅游业细分为旅游出行、旅游住宿、旅游餐饮、旅游游览、旅游购物、旅游娱乐、旅游综合服务 7 大类。第二级分类是在第一级分类的基础上,按照国民经济行业分类进行重新组合。

旅游及相关产业增加值核算方法。旅游及相关产业增加值依据全国经济普查资料、国民经济核算数据和旅游及相关产业消费结构调查数据等资料进行核算。具体做法是:对旅游分类对应的国民经济行业小类,通过专项调查获得为游客服务而产生的产出占行业小类全部产出的比例,以此产出比例分劈行业小类的增加值,按层级加总,得出旅游及相关产业增加值的总量与结构,反映各相关行业为响应游客的旅游消费为游客提供的直接服务价值。旅游及相关产业增加值每年通过国家统计局网站对外发布。

我国旅游及相关产业增加值与世界旅游组织等定义的“旅游直接国内生产总值”非常接近。在 2008 年 SNA 基础上,世界旅游组织(UNWTO)等制定的《2008 年国际旅游统计建议》和《2008 年旅游附属账户:建议的方法框架》(TSA),成为旅游统计与核算的国际标准。在《2008 年旅游附属账户:建议的方法框架》中,旅游直接国内生产总值(Tourism Direct GDP)是指经济体所有行业为游客在旅游活动中提供商品和服务所对应产生的增加值总计,反映旅游活动的直接经济贡献和规模,通常也称为旅游直接贡献。我国旅游及相关产业增加值核算遵循了这一国际标准，与《2008 年旅游附属账户：建议的方法框架》中的“旅游直接国内生产总值”的概念和范围基本一致。从基本概念看，二者都是增加值的概念，都强调国民经济各行业为满足游客旅游需求而进行生产活动新创造的价值。从范围口径看，虽然我国旅游及相关产业增加值建立在我国旅游及相关产业分类基础上，旅游直接国内生产总值建立在所有产业中的旅游活动基础上，但实际上，我国在制定旅游及相关产业行业分类时，已经充分考虑了行业与旅游的相关性，几乎将所有与旅游有直接联系的行业都归入了我国旅游及相关产业行业分类中，所以二者的核算范围基本一致。

108. 体育产业核算

体育产业是指为社会提供各种体育产品（货物和服务）和体育相关产品的生产活动的集合。体育产业增加值衡量的是一个国家所有常住单位一定时期内进行体育产业生产活动而创造的增加值。体育产业总产出，指一个国家所有常住单位在一定时期内生产的所有体育货物和服务的价值。

体育产业核算分类。体育产业核算分类以国家统计局印发的《国家体育产业统计分类（2019）》为基础，采用两级核算分类。第一级分类，按照体育活动性质划分为体育服务业、体育用品及相关产品制造、体育场地设施建设三大部分。其中，体育服务业再细分为体育管理活动，体育竞赛表演活动，体育健身休闲活动，体育场地和设施管理，体育经纪与代理、广告与会展、表演与设计服务，体育教育与培训，体育传媒与信息服务，体育用品及相关产品销售、出租与贸易代理，其他体育服务等 9 大类。第二级分类，是在体育产业分类基础上对应的国民经济行业分类，共涵盖 178 个行业小类。

体育产业增加值核算方法。根据体育产业核算所需基础资料状况，体育产业增加值采用生产法和收入法进行核算。核算所需的数据主要来源于三部分。一是普查资料和专项调查资料，包括全国经济普查资料、全国体育产业专项调查资料等；二是国家统计局统计资料，包括国民经济核算资料、有关专业统计年报资料等；三是行政管理资料，如国家体育总局的部门统计资料。体育产业增加值每年通过国家统计局网站对外发布。

109. 专利密集型产业核算

专利密集型产业是指发明专利密集度、规模达到规定的标准，依靠知识产权参与市场竞争，符合创新发展导向的产业集合。专利密集型产业增加值衡量的是我国专利密集型产业所有常住单位在一定时期内生产活动所创造的增加值。

专利密集型产业核算分类。专利密集型产业增加值核算根据国家统计局印发的《知识产权（专利）密集型产业统计分类（2019）》为基础，采用二级核算分类。第一级分类为专利密集型产业的大类，即信息通信技术制造业，信息通信技术服务业，新装备制造业，新材料制造业，医药医疗产业，环保产业，研发、设计和技术服务业等7大类。第二级分类采用国民经济行业分类中的小类，即专利密集型产业涉及的188个国民经济行业小类。

专利密集型产业增加值核算方法。2019年起，国家统计局根据《知识产权（专利）密集型产业统计分类（2019）》，利用全国经济普查数据、有关专业统计资料和国民经济核算资料等，采用收入法核算。专利密集型产业增加值每年通过国家统计局网站对外发布。

第九章
国民经济核算分析

第九章　国民经济核算分析

110. 国内生产总值与国民总收入的关系

国内生产总值(GDP)是一个国家所有常住单位在一定时期内生产活动最终成果的价值。国民总收入(GNI)是一个国家所有常住单位在一定时期内通过投入生产要素参与生产活动而获得的收入总和。两个概念之间既有联系又有区别。

二者的联系主要体现在,GDP 是 GNI 核算的基础。GDP 是从生产角度核算一个国家常住单位在核算期内从事生产活动的最终成果,是 GNI 核算乃至整个国民经济核算的起点。GNI 是按照各生产要素所有者在生产活动中的参与程度和贡献程度,对生产成果进行分配的结果。这种分配不仅发生在本国,也可发生在常住单位(本国)与非常住单位(国外)之间。由于一国常住单位和非常住单位之间会存在提供劳务、金融资产和出租自然资源等活动,因此会发生雇员报酬、投资收益和其他初次分配收入的获得与支付。从数量关系上来看,GNI 等于 GDP 加上来自国外的初次分配收入,减去付给国外的初次分配收入,即:

$$GNI = GDP + \text{来自国外的初次分配收入净额}$$

二者的区别主要体现在两个方面。一是反映经济运行环节不同。GDP 反映生产环节的最终成果,GNI 反映收入初次分配的结果。二是作用不同。GDP 主要用于生产、使用领域的度量,反映一个国家经济增长和变动情况。GNI 主要用于收入分配状况的度量,对分析经济发展水平和发展阶段、判断宏观收入分配状况有着重要作用。例如,世界银行按人均国民总收入把世界各国分成低中高收入国家,按照这一分类标准,2018 年我国人均国民总收入处于中等偏上收入组的较高水平。

111. 人均国内生产总值的计算方法和作用

人均国内生产总值(人均 GDP)顾名思义取决于两个因素:人口数和 GDP。计算公式为:

人均 GDP=GDP 总量 ÷ 年平均人口

在计算时需注意口径问题。根据 2008 年 SNA 定义,GDP 和人口的计量必须建立在同一经济地域的常住概念上,即 GDP 是核算期内所有常住单位从事生产活动的最终成果,而人口是核算期内所有常住人口的总和。随着经济发展,不论是常住单位,还是常住人口,都会因为企业组织形式的多样性、生产经营活动的跨地域性和人员的流动性等因素的影响,导致数据范围界定或数据获得方面的困难。目前,年平均人口的计算是在人口变动均匀的假设下,采用期(年)初和期(年)末常住人口数的简单算术平均。实际工作中,人口统计数据有两个口径,一是公安部门的户籍登记人口数,二是根据人口普查与人口变动调查推算的常住人口数,人均 GDP 核算采用后者。特别是对于省级核算而言,因为跨省流动人口规模很大,人口数口径的统一非常重要。

人均 GDP 在某种程度上比 GDP 总量更能反映一国或一个地区的富裕程度和经济发展水平,国际上通常使用此指标来进行国别间比较,比如世界银行的年度报告中必列示此项。

112. 国内生产总值指数和增长速度的计算方法

GDP 指数是指一定时期内国内生产总值(GDP)变动趋势和程度的相对数。通常有三种指数,一是定基指数,指以一固定年份(季度、月份)为基期计算的指数,如以 1978 年为基期计算的 GDP 指数;二是同比指数,指以上年(或上年同期)为基期计算的指数,如以

2010 年为基期计算的 2011 年 GDP 指数，或以上年同季为基期计算的本期季度 GDP 指数；三是环比指数，指以报告期的前一期为基期计算的 GDP 指数，如以 1 季度为基期计算的 2 季度 GDP 指数。

GDP 增长速度通常指 GDP 同比指数或环比指数减 1，如 GDP 比上年增长的幅度或 2 季度比 1 季度增长的幅度。需要指出的是，不论是 GDP 指数还是 GDP 增长速度，如不特别指明，通常需使用不变价 GDP 进行计算。我国自开始核算 GDP 以来，共有 1952 年、1957 年、1970 年、1980 年、1990 年、2000 年、2005 年、2010 年、2015 年 9 个不变价基期，目前的基期是 2015 年。计算指数时要使用同一基期的不变价数据。计算公式为：

GDP 指数＝报告期不变价 GDP÷基期不变价 GDP×100

GDP 增长速度(％)＝报告期不变价 GDP÷基期不变价 GDP ×100％－100％

113. 国内生产总值年平均增长速度和翻番的计算方法

国内生产总值(GDP)年平均增长速度，通常指一定年限内平均每年的不变价增长速度，可以采用三种方法进行计算。

第一种方法：采用不变价 GDP 绝对量进行计算，t_1 至 t_n 年的 GDP 年平均增长速度如下式：

$$GDP\text{ 年平均增长速度}(\%)=\sqrt[n]{\frac{GDP_{t_n}}{GDP_{t_0}}}\times 100\%-100\%$$

其中，GDP_{t_0} 表示第 (t_1-1) 年的不变价 GDP，GDP_{t_n} 表示第 t_n 年的不变价 GDP。需要注意的是，这里 t_0 年和 t_n 年的不变价 GDP 应采用相同的价格基期。例如，计算“十二五”时期（2011—2015 年）年均增速，公式中的 $n=5$，t_0 为 2010 年，t_n 为 2015 年。

按照 2010 年价格计算的 2010 年、2015 年不变价 GDP 分别为 412119.3 亿元、602005.7 亿元[⑦]。代入公式计算可得“十二五”时期的 GDP 年平均增长速度为 7.9%。

第二种方法：采用 GDP 指数进行计算，计算 t_1 至 t_n 年期间的 GDP 年平均增长速度如下式：

$$GDP\text{年平均增长速度}(\%)=\sqrt[n]{\frac{I_{t_n}}{I_{t_0}}}\times 100\%-100\%$$

与第一种方法类似，公式中的 I_{t_0} 表示第 (t_1-1) 年的 GDP 指数，I_{t_n} 表示第 t_n 年的 GDP 指数。如上例，公式中的 $n=5$，t_0 为 2010 年，t_n 为 2015 年。以 1978 年=100 的 2010 年、2015 年 GDP 指数分别为 2073.1 和 3028.2。代入公式计算可得“十二五”时期的 GDP 年平均增长速度为 7.9%。

第三种方法：采用 GDP 不变价增长速度进行计算，计算 t_1 至 t_n 年期间的 GDP 年平均增长速度如下式：

$$GDP\text{年平均增长速度}(\%)=\sqrt[n]{\prod_{i=1}^{n}(1+GDP_{t_i})}\times 100\%-100\%$$

公式中的 GDP_{t_i} 表示第 t_i 年的 GDP 不变价增长速度，$i=1,\cdots,n$。在计算“十二五”时期(2011—2015 年)平均增速时，需要用到五个年度的 GDP 不变价增速。如上例，t_1 为 2011 年，t_2 为 2012 年，t_3 为 2013 年，t_4 为 2014 年，t_n 为 2015 年。这五个年度的 GDP 不变价增速分别为 9.6%、7.9%、7.8%、7.3%、6.9%。代入公式计算可得“十二五”时期的 GDP 年平均增长速度为 7.9%。

同样，GDP 翻番也需要按不变价计算，GDP 翻一番是指按同一价格基期计算的报告期不变价 GDP 是基期不变价 GDP 的 2 倍，翻两番就是指达到 4 倍。按照上述 GDP 年平均增长速度的计算方

---

⑦ 数据来源：《中国统计年鉴 2019》，下同。

法可计算得出 GDP 翻番所要达到的增长速度。

114. 国内生产总值缩减指数与居民消费价格指数的关系

国内生产总值(GDP)缩减指数是按当年价格核算的 GDP 和按不变价格核算的 GDP 之间的系数,实际计算时利用现价 GDP 同比指数与不变价 GDP 同比指数之比进行计算。居民消费价格指数(CPI)是反映一定时期内居民所消费的货物和服务价格变动程度和变动趋势的指数。尽管 GDP 缩减指数和 CPI 都是反映通货膨胀情况的重要指标,但两者有所区别。

首先,GDP 缩减指数和 CPI 反映价格变动的范围不同。GDP 缩减指数反映整个国民经济中全部货物和服务活动的价格变动情况,而 CPI 仅反映居民消费领域的商品和服务项目价格水平的变动。

其次,GDP 缩减指数和 CPI 的计算方法不同。GDP 缩减指数是现价 GDP 同比指数与不变价 GDP 同比指数之间的比率,是隐含的价格指数。CPI 则是通过抽样调查采集选定商品和服务项目价格,利用加权方法计算得到价格总指数。

115. 消费率的计算方法和经济含义

消费率,又称最终消费率,通常指一定时期内最终消费支出占 GDP 的比率,一般按现行价格计算。计算公式为:

消费率＝最终消费支出÷支出法 GDP×100%

其中,最终消费支出包括居民消费支出和政府消费支出。

消费率反映了生产活动的最终成果用于最终消费的比重。通过观察消费与生产之间的关系,可以研究经济的增长类型和运行质量，揭示其发展规律。消费率是研究分析宏观经济的重要指标之一，但在运用消费率进行经济分析时，不能片面夸大它在反映经济现象时所发挥的作用，应结合影响经济的多种因素综合考虑，这样才能得出正确的结论。此外，在运用消费率进行分析时，一般要与投资率相结合。

116. 投资率的计算方法和经济含义

投资率，又称资本形成率，通常指一定时期内资本形成总额占GDP的比重，一般按现行价格计算。计算公式为：

投资率＝资本形成总额÷支出法GDP×100％

投资率反映一定时期内生产活动的最终成果用于形成生产性非金融资产的比重。通过研究投资与生产之间的关系，可以更好地分析经济的状态、增长类型和运行质量，为宏观决策提供依据。其中，经济状态包括冷、热、适中；增长类型包括投资拉动型、消费拉动型、外需拉动型；运行质量包括投资回报情况等。投资率是研究分析宏观经济的重要指标之一，但在运用投资率进行经济分析时，不能片面夸大它在反映一些经济现象时所发挥的作用，应综合考虑影响经济运行的诸多因素，这样才能得出正确的结论。此外，在运用投资率进行分析时，一般要与消费率相结合。

117. 储蓄率及其与投资率的关系

国民总储蓄（也称总储蓄），是国民可支配总收入减去最终消费支出（包括居民最终消费支出和政府最终消费支出）后的差额，反映一国所有常住单位在不举借外债的情况下，可用于投资的最大资金量。储蓄率一般指国民总储蓄与国民可支配总收入之间的比率。计算公式为：

储蓄率＝国民总储蓄÷国民可支配总收入×100％

从定义上看，投资率为总投资（即资本形成总额）占支出法GDP的比重，储蓄率为国民总储蓄占国民可支配收入的比重，因此搞清两者的区别和联系的关键是搞清总投资和总储蓄的关系。

从国民经济核算理论可知，国内生产总值（GDP）等于总投资（I）、最终消费（C）、货物和服务的净出口（X－M）之和，国内生产总值加上来自国外的净要素收入（F）等于国民总收入（GNI），国民总收入加上来自国外的净经常转移（TR）等于国民可支配总收入（NDI），用公式表示就是：

$$GNI = GDP + F = C + I + X - M + F$$

$$\begin{aligned} NDI &= GNI + TR \\ &= GDP + F + TR \\ &= C + I + X - M + F + TR \end{aligned}$$

国民可支配总收入又等于最终消费加上国民总储蓄（S），因此上式可变形为：

$$NDI = C + S = C + I + X - M + F + TR$$

$$S - I = X - M + F + TR = CAB$$

式中，CAB为国际收支平衡中的经常项目差额。由此可知，总储蓄与总投资之差正好为经常项目差额。在没有对外经济交往的封闭状态下，经常项目差额为零，总储蓄等于总投资。在开放经济条件下，总储蓄与总投资就不一定相等，所产生的差额则由国外平衡。也就是说，当经常项目差额为正时，总储蓄大于总投资；当经常项目差额为负时，总储蓄小于总投资。

总之，投资率与储蓄率的差异主要表现在两方面，一是从分母看，前者为支出法GDP，后者为国民可支配总收入，而国民可支配总收入等于GDP加上来自国外的初次收入净额和经常转移收入净额；二是从分子看，前者为总投资，后者为国民总储蓄，而国民总储蓄等于资本形成总额加上国际收支中经常项目差额。由于目前我国经常项目差额多数年份为正，且国民可支配总收入与 GDP 之间差距不大，因此，我国储蓄率一般要高于投资率。

118. 潜在经济增长率的计算方法和作用

潜在经济增长率是指一个国家或地区经济生产的最大货物和服务总量的增长率，或者说一个国家或地区在各种资源得到最优和充分配置条件下，所能达到的最大经济增长率。目前，估计潜在经济增长率常见的方法有时间序列分析法、生产函数法、宏观经济增长模型法、投入产出法和国际比较外推法等。时间序列分析法主要包括消除趋势法、增长率递推法、HP 滤波法、单变量卡尔曼滤波法、状态空间—卡尔曼滤波法等，其中运用最广泛的是 HP 滤波法。HP 滤波法是从实际产出序列中分解并滤除周期性成分，保留趋势性成分，并将其作为潜在产出估计潜在经济增长率。生产函数法是根据新古典经济增长模型对推动经济增长要素的分析，利用柯布—道格拉斯生产函数估计潜在经济增长率。宏观经济增长模型法是基于各类宏观经济增长模型，如菲利普斯曲线、奥肯定律等，估计潜在经济增长率。投入产出法是在投入产出分析的基础上，使用大道定理、可计算的一般均衡（CGE）模型、动态随机一般均衡（DSGE）模型等估计潜在经济增长率。

潜在经济增长率是判断国民经济运行是否处于合理区间的重要指标。理论上讲，当 GDP 增长率持续明显高于潜在经济增长率时，社会总供需平衡被打破，总需求膨胀，银行信贷投放大量增加，企业生产能力利用率提高，能源和部分原材料供不应求，物价大幅度攀升，经济出现过热症状。当 GDP 增长率持续明显低于潜在经济增长率时，总需求不足，银行信贷投放增长缓慢，企业生产能力利用率下降，物价持续下降，企业经济效益恶化，经济出现过冷症状。

需要特别指出的是，在全面判断国民经济运行状况时，仅用

GDP 增长率与潜在经济增长率进行对比是不够的,尤其是当两者比较接近时。为此,还需要考察其他相关指标,如通货膨胀率、失业率、企业生产能力利用率、贷款增长率、能源和部分主要原材料的供求状况等。只有通过全面和综合的分析,得出的结论才符合实际。

119. 国内生产总值结构分析的主要内容

国内生产总值(GDP)结构分析主要是针对 GDP 的生产结构、分配结构、需求结构、所有制结构、地区结构等,研究各种结构的变动规律,分析成因以及存在的问题。

生产结构分析。重点分析三次产业结构及各产业内部结构的变化,判断这些变化是否符合产业结构演变的规律,是否有利于产业结构的优化和协调。就三次产业结构而言,当一个经济体处于工业化时期,产业结构演变的一般规律是,一产比重逐步下降,二产(尤其是工业)和三产比重逐步上升。在第一产业内部,种植业比重下降,畜牧业比重上升;在工业内部,传统制造业比重下降,新兴制造业(如计算机、通信和其他电子设备制造业等)比重上升;在第三产业内部,传统服务业(如交通运输业、批发和零售业等)比重下降,新兴服务业(如信息传输、软件和信息技术服务业、金融业等)比重上升。

分配结构分析。重点分析 GDP 在政府、企业(包括金融机构和非金融企业)、居民之间的分配关系及其存在的问题。判断三者分配关系是否合理,一是要看它是否促进经济协调和健康发展,例如,政府收入所占比重过低,将使政府缺乏足够的财力来调控宏观经济;二是通过国际比较,分析判断我国现有分配结构是否合理。

需求结构分析。重点考察最终消费、资本形成总额、净出口占支出法 GDP 比重的变化情况、成因及存在的问题,并提出相应的政策建议。另外,根据经济研究决策需要,还可以对最终消费(农村居民消费、城镇居民消费和政府消费)、资本形成总额(固定资本形成总额和存货变动)、货物和服务净出口(货物和服务的出口及进口)的内部结构变化进一步分析,找出问题,提出对策建议。

所有制结构分析。在分析 GDP 所有制结构时,重点考察国有经济、民营经济、其他经济创造的增加值在 GDP 中所占比重的变化情况、成因及存在的问题,并提出相应的政策建议。

区域经济结构分析。可着重分析东、中、西和东北四大区域[⑧] GDP(及其成分)占全国 GDP(及其成分)的比重,四大区域 GDP(及其成分)对全国的贡献率,分析 GDP 的地区结构变动的特点、成因和存在的问题,并提出相应的政策建议。此外,还可以分析研究京津冀、长江经济带、长江三角洲、粤港澳大湾区、黄河流域等各种区域内部结构等。

120. 国内生产总值构成成分对经济增长贡献率的计算方法

各产业或各需求成分对经济增长的贡献率是指各产业不变价增加值增量或各需求成分的不变价增量占国内生产总值(GDP)不变价增量的比重,将各产业或各需求成分对经济增长的贡献率乘以经济增长率就可得到各产业或各需求成分拉动经济增长的百分点数。

目前我国每 5 年更换一次不变价基期,中华人民共和国成立以来,已有 1952、1957、1970、1980、1990、2000、2005、2010、2015 年 9

---

⑧ 东部地区包括北京、天津、河北、上海、江苏、浙江、福建、山东、广东和海南;中部地区包括山西、安徽、江西、河南、湖北和湖南;西部地区包括内蒙古、广西、重庆、四川、贵州、云南、西藏、陕西、甘肃、青海、宁夏和新疆;东北地区包括辽宁、吉林、黑龙江。

个不变价基年。有时我们需要计算一段时期各产业或各需求成分对经济增长的贡献率和拉动点数，此时要区分两种情况。

一是该时期落在同一不变价区间内，此时，各产业不变价增加值之和或不变价各需求成分之和等于不变价 GDP，我们可以利用该时期起点和终点不变价数据，计算出各产业或各需求成分的平均贡献率，然后乘以该时期经济平均增长速度，就可以得到各产业或各需求成分对经济增长的拉动点数，用公式表示（以各产业为例）：

$$r_t^i = (y_t^i - y_0^i) \div (y_t - y_0) \times 100\%$$

$$g_t^i = r_t^i \times g_t$$

式中，r_t^i 和 g_t^i 分别为一段时期内第 i 产业（或第 i 需求成分）对经济增长的平均贡献率和拉动点数，y_t^i 和 y_0^i 分别为报告期和基期的第 i 产业不变价增加值（或第 i 需求成分不变价总额），y_t 和 y_0 分别为报告期和基期的不变价 GDP，g_t 为一段时期内 GDP 平均增长率。

二是该时期不在同一不变价的区间内。此时，若将 GDP 各产业不变价增加值或各不变价需求成分换算为按同一基年价格表示的不变价，则各产业不变价增加值之和或各不变价需求成分之和不再等于不变价 GDP，不能直接利用该时期起点和终点不变价数据，计算各产业或各需求成分的平均贡献率。此时可分别计算出该时期内每年各产业或各需求成分的贡献率，然后对整个时期进行简单算术平均，得到该时期内各产业或各需求成分的平均贡献率。最后，将各产业或各需求成分的贡献率乘以该时期内的平均经济增长率，就得到各产业或各需求成分对经济增长的拉动点数，用公式表示为：

$$r_t^i = \frac{\sum_{j=1}^{t} r_j^i}{t}$$

其中：$r_j^i = \frac{y_j^i - y_{j-1}^i}{y_j - y_{j-1}} \times 100\%$

$j = 1, 2, \cdots, t$，

$g_t^i = r_t^i \times g_t$

式中，r_t^i 和 g_t^i 分别为一段时期内第 i 产业（或第 i 需求成分）对经济增长的平均贡献率和拉动点数，r_j^i 为第 j 年第 i 产业（或第 i 需求成分）对经济增长的贡献率，y_j^i 和 y_{j-1}^i 分别为第 j 年报告期和基期的第 i 产业（或第 i 需求成分）的不变价，y_j 和 y_{j-1} 分别为第 j 年报告期和基期的不变价 GDP，g_t 为一段时期内 GDP 平均增长率。

121. 投入产出的分析应用

投入产出核算为开展经济分析和预测提供了一套有力工具，利用投入产出表和供给使用表，通过建立投入产出模型，可以多方面多角度开展宏观经济分析。投入产出分析应用主要包括以下方面：经济结构和联系、外部政策和需求冲击、价格传递影响、资源与环境（能源消耗、污染排放、碳足迹等）、区域和国际经济贸易联系、扩展到社会核算矩阵（SAM）和 CGE 模型以及其他方面的研究。

在利用投入产出表开展经济分析时，需要计算投入产出表的各种系数，主要包括直接消耗系数、完全需求系数及完全消耗系数、直接分配系数、完全分配系数及完全感应系数等。

直接消耗系数，也称直接投入系数，记为 $a_{ij}(i, j = 1, 2, \cdots, n)$，是指生产第 j 产品（或产业）部门单位总产出直接消耗的第 i 产品（或产业）部门货物或服务的价值量。将各产品（或产业）部门的直接消耗系数用表的形式表现就是直接消耗系数表（或直接消耗系数矩阵），通常用字母 A 表示。直接消耗系数反映了投入产出表中各产业部门间技术经济联系和产品之间的技术经济联系。影响直接消耗系数的因素，包括生产技术变动、产品相对价格变化等。

完全消耗系数，揭示了部门之间的直接和间接的联系，更全面更深刻地反映部门之间相互依存的数量关系。在国民经济各部门之间，各种产品在生产过程中除有直接的生产联系外，还有间接联系，这使得各种产品间的相互消耗除了直接消耗外，还有间接消耗。完全消耗系数则是这种直接消耗和间接消耗的全面反映。完全消耗系数通常记为 b_{ij}，是指第 j 产品（或产业）部门每提供一个单位最终使用时，对第 i 产品（或产业）部门货物或服务的直接消耗和间接消耗之和。利用直接消耗系数矩阵 A 计算完全消耗系数矩阵 B 的公式为：

$$B=(I-A)^{-1}-I$$

其中，矩阵 I 为单位矩阵，矩阵 $(I-A)^{-1}$ 称为完全需求系数矩阵，也称为列昂惕夫逆矩阵，记为 $\bar{B}$。其元素 $\overline{b_{ij}}(i,j=1,2,\cdots,n)$ 称为完全需求系数，也称为列昂惕夫逆系数，它表明第 j 部门获得一个单位最终使用时，对第 i 部门的完全需求量，包括直接需求量（直接消耗系数）、间接需求量（间接消耗系数）和最终需求量。

直接分配系数是从投入产出表的行向考察，用公式表示为：

$$h_{ij}=\frac{x_{ij}}{X_i} \quad (i,j=1,2,\cdots,n)$$

反映 i 部门每单位的产出，j 部门分配到的使用份额。将各产品（或产业）部门的直接分配系数用表的形式表现就是直接分配系数表或直接分配系数矩阵，通常用字母 H 表示。

完全分配系数，通常记为 g_{ij}。利用直接分配系数矩阵 H 计算完全分配系数矩阵 G 的公式为：

$$G=(I-H)^{-1}-I$$

其中，矩阵 I 为单位矩阵，矩阵 $(I-H)^{-1}$ 称为完全感应系数矩阵，记为 $\bar{G}$。其元素 $\overline{g_{ij}}(i,j=1,2,\cdots,n)$ 称为完全感应系数，它表示第 i 部门增加一个单位增加值（初始投入），引起的第 j 部门产出的增加量。

122. 利用资金流量表分析主要收入分配关系

在资金流量表中，收入分配分为收入初次分配环节和收入再分配两个环节。

一是收入初次分配环节。主要指标有：劳动者报酬、生产税净额、财产收入。收入初次分配侧重于分析各机构部门收入初次分配的特点、结构及其原因，并进行国际比较等。通过分析国家、企业、个人三者收入初次分配占比，研究国家、企业、个人三者分配关系，为制定收入分配政策提供依据。国家、企业、个人的收入分配关系，对应到资金流量表中，国家相当于广义政府部门，企业相当于非金融企业部门加上金融机构部门，个人相当于住户部门。同时，资金流量表还为研究生产要素参与分配提供了基础。在初次分配环节中，既有反映按劳分配的指标——劳动者报酬，又有反映资本要素参与分配的指标——财产收入（利息、红利、地租等）。随着经济社会的发展和各项改革的不断深入，居民劳动收入与资本收入的比例会发生很大变化，通过资金流量表，可以及时跟踪这种变化，分析变化的原因，预测未来的趋势，为推进收入分配改革和政策制定提供参考依据。

二是收入再分配环节。主要指标有：经常转移，以及通过收入再分配形成的可支配总收入。可支配总收入是一个重要的收入分配指标，也是研究三者收入分配关系的重要指标，它反映一个国家及各经济主体能够支配的自有资金状况。分析三者收入分配关系主要看三者的可支配总收入占国民可支配总收入的比重，即：广义政府部门可支配总收入÷国民可支配总收入；（非金融企业部门＋金融机构部门）可支配总收入÷国民可支配总收入；住户部门可支配总收入÷国民可支配总收入。在分析三者收入分配关系时，既要看当期比值，判断其合理程度，又要动态分析，观察其变化趋势，研究影响三者收入分配关系变动的原因。

123. 资产负债表的分析应用

资产负债表的分析应用主要包括资产负债总量分析、资产负债结构分析和债务风险分析三个方面。

资产负债总量分析。资产负债总量反映一个经济体拥有多少资产，承担多少债务，通过其可以全面分析一个国家或地区财富和经济实力，摸清“家底”。资产负债表中许多总量指标，如总资产、资产净值、非金融资产、金融资产和负债等，都具有重要分析价值。总资产数额越大、质量越高，说明该国家或地区经济实力越强。资产净值是全部资产减去全部负债后的差额，是一个国家拥有的净资产，代表了财富水平。总资产、资产净值还可以结合其他指标进行比较，比如总资产（资产净值）与 GDP 相比，反映创造一个单位 GDP 需要的总资产（资产净值）；总资产与人口总量相比，反映人均国民财富水平；固定资产与劳动者人数相比，反映劳动者的技术装备程度等。

资产负债结构分析。资产负债表采用矩阵式二维结构，便于从机构部门和交易项目两个角度进行结构分析。从机构部门（列向）角度看，反映部门内部非金融资产、金融资产和负债的构成情况。从交易项目（行向）角度看，反映非金融资产的部门构成、分析金融资产和负债形成的来源结构和去向结构。

债务风险分析。衡量债务风险主要利用宏观资产负债率和宏观杠杆率两类指标进行分析。

宏观资产负债率是机构部门承担负债与拥有资产的比率。计算公式为：

宏观资产负债率＝（总负债÷总资产）×100％

宏观资产负债率反映一个国家资产对负债的依赖程度。在资产负债核算中，只对经济总体、广义政府部门和住户部门计算宏观资产负债率。因为在国家资产负债核算中，把投资者投入的资本（所有者权益），作为非金融企业部门或金融机构部门的负债，计算非金融企业部门和金融机构部门的宏观资产负债率没有意义。

宏观杠杆率用于衡量债务的可持续性，通常用债务余额与GDP之比来计算，计算公式为：

$$\text{宏观杠杆率}=\frac{\text{债务余额}}{\text{GDP}}\times 100\%$$

宏观杠杆率包括经济总体杠杆率、非金融企业部门杠杆率、广义政府部门杠杆率和住户部门杠杆率。计算时需要注意债务的口径，非金融企业部门、广义政府部门和住户部门的债务主要包括债务性证券、贷款及其他应付款等。

124. 国际收支平衡表的分析应用

国际收支平衡表中的经常账户由货物贸易、服务贸易、初次收入和二次收入四部分组成。经常性差额是经常账户贷方与借方的差额。该差额为正时称为经常账户顺差，为负时称为经常账户逆差或经常账户赤字。经常账户的平衡状况对一国经济发展具有实质性影响，因为这一部分的收支都是以货物和服务交易、各类收益为基础，通常不存在借贷关系。一般情况下，各国都希望自己的经常账户是顺差，以提高本国经济的安全性和主动性。如果一国经常账户长期逆差，且数额较大，即使可以通过对外融资达到本国的国际收支平衡，这种平衡的基础也是脆弱的，一旦国内经济出现问题，国外资本流入就会减少，使得该国国际收入随即恶化。因此，经济分析时，要特别关注经常账户的平衡状况，通常用经常账户差额占GDP比例来衡量。

资本和金融账户由两部分组成，一部分是资本账户，另一部分是金融账户。资本账户主要是资本转移和非生产非金融资产的获得和处置。金融账户由直接投资、证券投资、金融衍生品、其他投资和国际储备（又称储备资产）组成。在我国，直接投资、证券投资、金融衍生品、其他投资合并称为非储备性质的金融账户，反映我国除国际储备资产以外的其他各类对外金融资产和负债的交易情况。短期看，如果金融账户体现为对外净债务的上升，则表明该国从境外融入资金。长期看，该国的还债压力将加大。如果金融账户体现为对外净债权的上升，则表明该国正在不断对外投资。一般来说，金融账户中的直接投资是长期的，更多的与政局稳定、投资环境、经济增长率关系密切。鉴于金融账户中有些项目波动性大，许多国家会采取相应措施，限制国际资本过于频繁的流动，以防止本国国际收支状况的急剧恶化。国际储备是一国货币当局为了弥补国际收支逆差、清偿对外债务和维持本国汇率稳定所持有的国际上普遍接受的资产。国际储备的多少反映了一国的国际支付能力，一般与出口收入、广义货币、短期债务和其他负债情况等结合分析。

附录一

《中国国民经济核算体系（2016）》基本核算表

附录一 《中国国民经济核算体系(2016)》基本核算表

表1 国内生产总值总表

生　产	金额	使　　用	金额
1.生产法国内生产总值		1.支出法国内生产总值	
总产出		最终消费支出	
中间投入(一)		居民消费支出	
2.收入法国内生产总值		为住户服务的非营利机构消费支出	
劳动者报酬		政府消费支出	
生产税净额		资本形成总额	
生产税		固定资本形成总额	
生产补贴(一)		存货变动	
固定资产折旧		贵重物品获得减处置	
营业盈余		货物和服务净出口	
		货物和服务出口	
		货物和服务进口(一)	
		2.统计误差	

表 2 生产法国内生产总值表

	增加值	总产出	中间投入
合　　计			
1.第一产业			
2.第二产业			
3.第三产业			
1.农、林、牧、渔业			
2.采矿业			
3.制造业			
4.电力、热力、燃气及水生产和供应业			
5.建筑业			
6.批发和零售业			
7.交通运输、仓储和邮政业			
8.住宿和餐饮业			
9.信息传输、软件和信息技术服务业			
10.金融业			
11.房地产业			
12.租赁和商务服务业			
13.科学研究和技术服务业			
14.水利、环境和公共设施管理业			
15.居民服务、修理和其他服务业			
16.教育			
17.卫生和社会工作			
18.文化、体育和娱乐业			
19.公共管理、社会保障和社会组织			

表 3 收入法国内生产总值表

	增加值	劳动者报酬	生产税净额	固定资产折旧	营业盈余
合计					
1.第一产业					
2.第二产业					
3.第三产业					
1.农、林、牧、渔业					
2.采矿业					
3.制造业					
4.电力、热力、燃气及水生产和供应业					
5.建筑业					
6.批发和零售业					
7.交通运输、仓储和邮政业					
8.住宿和餐饮业					
9.信息传输、软件和信息技术服务业					
10.金融业					
11.房地产业					
12.租赁和商务服务业					
13.科学研究和技术服务业					
14.水利、环境和公共设施管理业					
15.居民服务、修理和其他服务业					
16.教育					
17.卫生和社会工作					
18.文化、体育和娱乐业					
19.公共管理、社会保障和社会组织					

表 4　支出法国内生产总值表

	金额
国内生产总值	
1. 最终消费支出	
居民消费支出	
食品烟酒	
衣着	
居住	
生活用品及服务	
交通和通信	
教育、文化和娱乐	
医疗保健	
金融中介服务	
保险服务	
其他商品及服务	
为住户服务的非营利机构消费支出	
政府消费支出	
[1. 实际最终消费	
居民实际最终消费	
为住户服务的非营利机构实际最终消费	
政府实际最终消费]	
2. 资本形成总额	
固定资本形成总额	
住宅	
其他建筑和构筑物	
机器和设备	
培育性生物资源	
知识产权产品	
非生产资产所有权转移费用	
其他	
存货变动	
贵重物品获得减处置	
3. 货物和服务净出口	
货物和服务出口	
货物出口	
服务出口	
货物和服务进口	
货物进口	
服务进口	

表 5 供给表

产品部门＼产业部门	产业部门 1	…	产业部门 j	…	产业部门 m	产品部门总产出（生产者价格）	进口（到岸价）	进口税	按生产者价格计算的总供给	不可抵扣的增值税	商业毛利和运输费用	按购买者价格计算的总供给
产品部门 1												
·												
·												
·												
产品部门 i												
·												
·												
·												
产品部门 n												
产出合计												

表 6　使用表

<table>
<tr><th colspan="2" rowspan="3">产业部门
产品部门</th><th colspan="4">中间使用</th><th colspan="10">最终使用</th><th rowspan="3">总使用（购买者价格）</th></tr>
<tr><th rowspan="2">产业部门1</th><th rowspan="2">…</th><th rowspan="2">产业部门 m</th><th rowspan="2">中间使用合计</th><th colspan="4">最终消费支出</th><th colspan="4">资本形成总额</th><th rowspan="2">出口</th><th rowspan="2">最终使用合计</th></tr>
<tr><th>居民消费支出</th><th>为住户服务的非营利机构消费支出</th><th>政府消费支出</th><th>合计</th><th>固定资本形成总额</th><th>存货变动</th><th>贵重物品获得减处置</th><th>合计</th></tr>
<tr><td rowspan="2">中间投入</td><td>产品部门1
·
·
·
产品部门 n</td><td colspan="4">第Ⅰ象限</td><td colspan="11">第Ⅱ象限</td></tr>
<tr><td>合　计</td><td colspan="4"></td><td colspan="11"></td></tr>
<tr><td rowspan="2">增加值</td><td>劳动者报酬
生产税净额
固定资产折旧
营业盈余</td><td colspan="4">第 Ⅲ 象 限</td><td colspan="11" rowspan="3"></td></tr>
<tr><td>合　计</td><td colspan="4"></td></tr>
<tr><td colspan="2">总投入（生产者价格）</td><td colspan="4"></td></tr>
</table>

表 7 投入产出表
（产品部门×产品部门表）

<table>
<tr><th rowspan="3" colspan="2">产出
投入</th><th colspan="4">中间使用</th><th colspan="10">最终使用</th><th rowspan="3">进口</th><th rowspan="3">税的调整</th><th rowspan="3">总产出（生产者价格）</th></tr>
<tr><th rowspan="2">产品部门1</th><th rowspan="2">…</th><th rowspan="2">产品部门n</th><th rowspan="2">中间使用合计</th><th colspan="4">最终消费支出</th><th colspan="4">资本形成总额</th><th rowspan="2">出口</th><th rowspan="2">最终使用合计</th></tr>
<tr><th>居民消费支出</th><th>为住户服务的非营利机构消费支出</th><th>政府消费支出</th><th>合计</th><th>固定资本形成总额</th><th>存货变动</th><th>贵重物品获得减处置</th><th>合计</th></tr>
<tr><td rowspan="3">中间投入</td><td>产品部门1</td><td rowspan="3" colspan="4">第Ⅰ象限</td><td rowspan="3" colspan="13">第Ⅱ象限</td></tr>
<tr><td>·
·
·</td></tr>
<tr><td>产品部门n</td></tr>
<tr><td rowspan="5">增加值</td><td>劳动者报酬</td><td rowspan="5" colspan="4">第Ⅲ象限</td><td rowspan="7" colspan="13"></td></tr>
<tr><td>生产税净额</td></tr>
<tr><td>固定资产折旧</td></tr>
<tr><td>营业盈余</td></tr>
<tr><td>合计</td></tr>
<tr><td colspan="2">总投入（生产者价格）</td><td colspan="4"></td></tr>
<tr><td colspan="2">不可抵扣增值税</td><td colspan="4"></td></tr>
</table>

表8 资金流量表(非金融交易)

机构部门 / 交易项目	非金融企业部门		金融机构部门		广义政府部门		NPISH部门[注]		住户部门		经济总体		国外		合计	
	运用	来源	运用	来源	运用	来源	运用	来源	运用	来源	运用	来源	运用	来源	运用	来源
1.净出口																
2.增加值																
3.劳动者报酬																
工资及工资性收入																
单位社会保险付款																
4.生产税净额																
生产税																
生产补贴																
5.财产收入																
利息																
红利																
地租																
其他																
6.初次分配总收入																
7.经常转移																
所得税、财产税等经常税																
社会保险缴费																
社会保险支出																
社会保障补助																
其他经常转移																
8.可支配总收入																
9.实物社会转移																
10.调整后可支配总收入																
11.实际最终消费																
12.总储蓄/对外经常差额																
13.资本转移																
资本税																
投资性补助																
其他																
14.资本形成总额																
固定资本形成总额																
存货变动																
贵重物品获得减处置																
15.非生产非金融资产获得减处置																
16.净金融投资																

注:NPISH 指为住户服务的非营利机构,下同。

表 9　资金流量表(金融交易)

机构部门 / 交易项目	非金融企业部门		金融机构部门		广义政府部门		NPISH部门		住户部门		经济总体		国外		合计	
	运用	来源	运用	来源	运用	来源	运用	来源	运用	来源	运用	来源	运用	来源	运用	来源
1. 净金融投资																
2. 通货																
3. 存款																
4. 贷款																
5. 股权和投资基金份额																
股权																
投资基金份额																
其他																
6. 债务性证券																
债券																
未贴现银行承兑汇票																
其他债务性证券																
7. 保险准备金和社会保险基金权益																
保险准备金																
社会保险基金权益																
8. 金融衍生品和雇员股票期权																
期权																
其他金融衍生品																
雇员股票期权																
9. 国际储备																
货币黄金、特别提款权																
在国际货币基金组织储备头寸																
外汇																
其他																
10. 其他																
11. 资金运用合计																
12. 资金来源合计																

表 10　期初(末)资产负债表

交易项目 \ 机构部门	非金融企业部门	金融机构部门	广义政府部门	NPISH部门	住户部门	经济总体	国外	合计
1. 资产								
非金融资产								
生产资产								
固定资产								
住宅								
其他建筑和构筑物								
机器和设备								
培育性生物资源								
知识产权产品								
存货								
贵重物品								
非生产资产								
金融资产								
通货								
存款								
贷款								
股权和投资基金份额								
债务性证券								
保险准备金和社会保险基金权益								
金融衍生品和雇员股票期权								
国际储备								
其他								
2. 负债								
通货								
存款								
贷款								
股权和投资基金份额								
债务性证券								
保险准备金和社会保险基金权益								
金融衍生品和雇员股票期权								
国际储备								
其他								
3. 资产净值								

表 11　资产负债交易变化表

交易项目 \ 机构部门	非金融企业部门	金融机构部门	广义政府部门	NPISH部门	住户部门	经济总体	国外	合计
1. 资产								
非金融资产								
生产资产								
固定资产								
住宅								
其他建筑和构筑物								
机器和设备								
培育性生物资源								
知识产权产品								
存货								
贵重物品								
非生产资产								
金融资产								
通货								
存款								
贷款								
股权和投资基金份额								
债务性证券								
保险准备金和社会保险基金权益								
金融衍生品和雇员股票期权								
国际储备								
其他								
2. 负债								
通货								
存款								
贷款								
股权和投资基金份额								
债务性证券								
保险准备金和社会保险基金权益								
金融衍生品和雇员股票期权								
国际储备								
其他								
3. 资产净值								

表 12　资产负债其他变化表

交易项目 \ 机构部门	非金融企业部门	金融机构部门	广义政府部门	NPISH部门	住户部门	经济总体	国外	合计
1. 资产								
非金融资产								
生产资产								
固定资产								
住宅								
其他建筑和构筑物								
机器和设备								
培育性生物资源								
知识产权产品								
存货								
贵重物品								
非生产资产								
金融资产								
通货								
存款								
贷款								
股权和投资基金份额								
债务性证券								
保险准备金和社会保险基金权益								
金融衍生品和雇员股票期权								
国际储备								
其他								
2. 负债								
通货								
存款								
贷款								
股权和投资基金份额								
债务性证券								
保险准备金和社会保险基金权益								
金融衍生品和雇员股票期权								
国际储备								
其他								
3. 资产净值								

表 13　国际收支平衡表(概览表)

项　　目	行　　次	交易金额
1.经常账户		
贷方		
借方		
货物和服务		
贷方		
借方		
货物		
贷方		
借方		
服务		
贷方		
借方		
初次收入		
贷方		
借方		
二次收入		
贷方		
借方		
2.资本和金融账户注		
资本账户		
贷方		
借方		
金融账户		
资产		
负债		
非储备性质的金融账户		
直接投资		
资产		
负债		
证券投资		
资产		
负债		
金融衍生品和雇员股票期权		
资产		
负债		
其他投资		
资产		
负债		
国际储备		
3.净误差与遗漏		

注：对于金融账户，正数值表示对外资产减少，负债增加，负数值表示对外资产增加，负债减少。

表 14　国际投资头寸表

项　目	行次	期初头寸	交　易	其他变化	期末头寸
1. 国际投资头寸净额					
2. 对外金融资产					
直接投资					
股权和投资基金份额					
债务工具					
证券投资					
股权和投资基金份额					
债务证券					
金融衍生品和雇员股票期权					
其他投资					
其他股权					
通货					
存款					
贷款					
保险、养老金和标准化担保					
贸易信贷和预付款					
其他应收款					
国际储备					
货币黄金					
特别提款权					
外汇储备					
在基金组织的储备头寸					
其他债权					
3. 对外金融负债					
直接投资					
股权和投资基金份额					
债务工具					
证券投资					
股权和投资基金份额					
债务证券					
金融衍生品和雇员股票期权					
其他投资					
其他股权					
通货					
存款					
贷款					
保险、养老金和标准化担保					
贸易信贷和预付款					
其他应收款					

附录二

《中国国民经济核算体系（2016）》主要概念

附录二 《中国国民经济核算体系(2016)》主要概念

经济所有权：所有权区分为法定所有者的法定所有权和经济所有者的经济所有权。经济所有权指经营相关实体，承担有关风险，从而享有相应经济利益的权利。

为住户服务的非营利机构：指从事非市场性生产、为住户提供服务、其资金主要来源于会员会费和社会捐赠且不受政府直接管理的非营利机构，例如宗教组织，各种社交、文化、娱乐和体育俱乐部，以及公众、企业、政府机构、非常住单位等以现金或实物提供资助的慈善、救济和援助组织等。

国内生产总值：指我国所有常住单位在一定时期内生产活动的最终成果。国内生产总值有三种计算方法，即生产法、收入法和支出法。三种方法分别从价值创造、收入形成和使用去向角度，反映国内生产总值的形成过程。

总产出：指常住单位在一定时期内生产的所有货物和服务的价值，但不包括用于自身生产过程中的固定资产以外的货物和服务。总产出反映常住单位生产活动的总规模，一般按生产者价格计算。

中间投入：也称中间消耗，指常住单位在生产过程中消耗和使用的货物和服务的价值，但不包括消耗的固定资产价值。中间投入反映用于生产过程中的转移价值，一般按购买者价格计算。

增加值：指常住单位生产过程创造的新增价值和固定资产的转移价值。它可以按生产法计算，也可以按收入法计算。按生产法计算，它等于总产出减去中间投入后的差额；按收入法计算，它等于劳动者报酬、生产税净额、固定资产折旧和营业盈余之和。

间接计算的金融中介服务(FISIM)产出：指金融机构从事存款

活动从存款者获得的间接收入，与金融机构从事贷款活动从借款者获得的间接收入之和。

自有住房服务：指自有住房者为自身最终消费所提供的住房服务。

知识载体产品：指为使消费单位能够重复获取知识，而提供、存储、交流和发布的各种信息、咨询和娱乐产品。包括一般或专业信息、新闻、咨询报告、电脑程序、电影、音乐等产品。这些服务产业生产的产品可能具有货物的很多特征。

劳动者报酬：指劳动者从事生产活动应获得的全部报酬，既包括货币形式的报酬，也包括实物形式的报酬。主要包括工资、奖金、津贴和补贴，单位为其员工交纳的社会保险费、补充社会保险费和住房公积金、行政事业单位职工的离退休金、单位为其员工提供的雇员股票期权及其他各种形式的报酬和福利等。

雇员股票期权：是一种劳动者报酬形式，是企业向其雇员提供的一种购买企业股权的期权，即雇主与雇员在某日（授权日）签订的一种协议，根据协议，在未来约定时间（含权日）或紧接着的一段时间（行权期）内，雇员能以约定价格（执行价格）购买约定数量的雇主股票。雇员股票期权是雇员的金融资产，发行企业的负债。

生产税净额：指生产税减生产补贴后的差额。其中，生产税指政府对生产单位从事生产、销售和经营活动，以及因从事生产活动使用某些生产要素（如固定资产和土地等）所征收的各种税收、附加费和其他规费。生产税分为产品税和其他生产税，产品税主要有：增值税、消费税、进口关税、出口税等；其他生产税主要有：房产税、车船使用税、城镇土地使用税等。生产补贴则相反，它是政府为影响生产单位的生产、销售及定价等生产活动而对其提供的无偿支付，包括农业生产补贴、政策亏损补贴、进口补贴等。生产补贴作为负生产税处理。

产品税：指对生产、销售、转移、出租或交付货物或服务而征收的税收，以及对用于自身消费或资本形成的货物或服务而征收的税收。属于产品税的主要有：增值税、消费税、营业税、进口关税、出口税等。

其他生产税：指除产品税以外，企业因从事生产活动而应缴纳的所有税收，即因在生产中使用土地、建筑和其他资产等而应缴的税收。属于其他生产税的主要有：房产税、车船使用税、城镇土地使用税等。

固定资产折旧：指由于自然退化、正常淘汰或损耗而导致的固定资产价值下降，用以代表固定资产通过生产过程被转移到其产出中的价值。原则上，固定资产折旧应按照固定资产的重置价值计算。

营业盈余：指常住单位创造的增加值扣除劳动者报酬、生产税净额和固定资产折旧后的余额。

最终消费支出：指常住单位为了直接满足个人或公共消费需求而对货物和服务的支出总额。既包括常住单位在本国经济领土内用于货物和服务的消费支出，也包括常住单位在本国经济领土外用于货物和服务的消费支出，但不包括非常住单位在本国经济领土内的消费支出。最终消费支出按支出主体分为居民消费支出、为住户服务的非营利机构消费支出和政府消费支出。

居民消费支出：指常住住户用于个人消费的货物和服务支出，既包括直接以货币形式购买货物和服务的消费支出，也包括以其他方式获得货物和服务的消费支出。后者称为虚拟支出，主要包括：员工以实物报酬的形式从单位获得的货物和服务；住户生产用于自身消费的货物（如自产自用的农产品），以及纳入生产核算范围并用于自身消费的服务（如住户的自有住房服务）；金融机构提供的隐含在利息中的金融中介服务；保险机构提供的隐含在保费中的保险服务。

为住户服务的非营利机构消费支出：指为住户服务的非营利机构承担的个人消费性货物和服务支出，以及可能的公共消费性服务支出，如为住户提供的医疗卫生、教育、文化娱乐、体育等货物和服务。

政府消费支出：指广义政府部门承担的公共服务支出、个人消费货物和服务支出。其中，公共服务支出主要包括国家安全和国防、行政管理、维护社会秩序和环境保护等方面的支出，它等于政府服务的产出价值减去政府机构有偿提供服务所获收入的差额。政府承担的个人消费货物和服务支出主要包括政府在医疗卫生、养老、教育、文化娱乐和社会保障等方面的支出，等于政府部门免费或以没有显著经济意义的价格向居民提供的货物和服务市场价值减去向居民收取的费用。

实际最终消费：分为居民实际最终消费、政府实际最终消费和为住户服务的非营利机构实际最终消费，反映居民、政府和为住户服务的非营利机构真实消费水平。

居民实际最终消费：指常住住户获得的用于消费的货物和服务价值，它等于居民自身承担的消费性货物和服务支出加上政府部门和为住户服务的非营利机构以实物社会转移形式向居民提供的消费性货物和服务支出。

为住户服务的非营利机构实际最终消费：指为住户服务的非营利机构向全社会提供的公共服务价值，它等于其自身最终消费支出减去以实物社会转移形式向居民提供的消费性货物和服务支出。

政府实际最终消费：指广义政府部门向全社会提供的公共服务的价值，它等于政府消费支出减去以实物社会转移形式向居民提供的消费性货物和服务支出。

实物社会转移：指政府和为住户服务的非营利机构免费或以没

有显著经济意义的价格向居民提供消费性货物和服务的支出。它包括两个部分：一是政府或为住户服务的非营利机构免费或以没有显著经济意义的价格提供给居民的非市场产出，如政府提供的义务教育服务；二是政府或为住户服务的非营利机构从市场购买然后再免费或以没有显著经济意义的价格提供给居民的消费性货物和服务，如政府通过社会保险计划采购药品提供给居民。

资本形成总额：是通过交易形成的生产资产积累，包括固定资本形成总额、存货变动和贵重物品获得减处置。

固定资本形成总额：指生产者获得减处置的固定资产价值，加上附着于非生产资产价值上的某些特定支出，如所有权转移费用。固定资产是生产活动生产的，在生产活动中使用一年以上、单位价值在规定标准以上的资产，不包括自然资产、耐用消费品、小型工器具。固定资本形成总额包括住宅、其他建筑和构筑物、机器和设备、培育性生物资源、知识产权产品的获得减处置和非生产资产所有权转移费用等。

存货变动：指常住单位存货实物量变动的市场价值，即期末价值减期初价值的差额，其中不包括核算期内由于价格变动而产生的持有损益。存货既包括生产单位购进的原材料、燃料和储备物资等存货，也包括生产单位生产的产成品、在制品和半成品等存货。

贵重物品获得减处置：贵重物品主要包括用于投资的贵金属、宝石、古董和其他贵重物品。贵重物品获得减处置指贵重物品持有者获得的贵重物品减处置的贵重物品后的价值。

货物和服务净出口：指货物和服务出口减货物和服务进口的差额。出口指常住单位向非常住单位出售或无偿转让的货物和服务的价值；进口指常住单位从非常住单位购买或无偿得到的货物和服务的价值。由于服务活动的提供与使用同时发生，一般把常住单位从非常住单位得到的服务作为进口，非常住单位从常住单位得到的服务作为出口。货物的出口和进口都按离岸价格计算。

经济总体：指在一个国家经济领土内所有常住机构单位的集合。

初次分配总收入：初次分配指生产活动所创造价值在参与生产活动的生产要素所有者及政府之间的分配。生产要素主要包括劳动、资本、自然资源。初次分配的结果形成国内各机构部门的初次分配总收入。国内各机构部门的初次分配总收入之和就等于国民总收入(GNI)。

财产收入：指金融资产或自然资源所有者在约定时间内将其资产交由其他机构单位支配使用而获得的收入。财产收入包括利息、红利、地租和其他财产收入。其中，其他财产收入包括准公司的收入提取、养老金权益的应付投资收入、属于投资基金股东集体的投资收入等。

可支配总收入：指国内各机构部门经过收入再分配之后所获得的收入总和。再分配的结果形成国内各机构部门的可支配总收入。国内各机构部门的可支配总收入之和称为国民可支配总收入。

转移：指一个机构单位向另一个机构单位提供货物、服务或资产，但又不从后者获取任何直接对应回报的一种交易。转移分为经常转移和资本转移。

经常转移：指交易的一方或双方都不涉及获得或处置资产(除存货和现金外)的转移。经常转移包括所得税及财产税、社会保险缴费和社会保险支出、社会保障补助、其他经常转移。

所得税、财产税等经常税：指对住户收入或公司利润所征收的税，以及每年定期征收的财产税，但不包括对企业拥有并用于生产的土地、房屋或其他资产所征收的税，后者属于生产税。

社会保险缴费：指参保单位和个人对社会保险计划的实际或虚拟支付。

社会保险支出：指由社会保险计划向住户提供的满足其养老、失业、医疗、生育和工伤保险等特定需求的经常转移。

社会保障补助：是由政府、企业和为住户服务的非营利机构向住户提供的用于抚恤补助、社会救助、社会福利等方面的支出。

其他经常转移：指除所得税及财产税、社会保险缴费和社会保险支出、社会保障补助以外的所有经常转移。通常包括非寿险的净保费和赔付、不同政府机构间的经常转移、围绕为住户服务的非营利机构发生的各种缴纳和资助、常住住户和非常住住户之间的经常转移等。

调整后可支配总收入：指在机构部门可支配总收入的基础上，加上该部门应得的实物社会转移，减去该部门应付的实物社会转移，形成调整后可支配总收入，反映各部门获得的对应于实际最终消费的收入总和。

总储蓄：指可支配总收入减去最终消费之后的余额，是可用于非金融投资的资金来源。国内各机构部门的总储蓄之和为国民总储蓄。

资本转移：指交易的一方或双方涉及获得或处置资产（除存货和现金外）的转移。资本转移包括资本税、投资性补助和其他资本转移。

非生产非金融资产获得减处置：是对应于非生产非金融资产获得减处置而发生的投资支出。非生产非金融资产包括：自然资源，合约、租约和许可，商誉和营销资产。

净金融投资：反映各机构部门或经济总体非金融投资过程中的资金富余或短缺状况。从非金融交易角度看，它指总储蓄加资本转移收入减资本转移支出减非金融投资后的差额。从金融交易角度看，它是金融资产增加额减金融负债增加额的差额。

通货：指以现金形式存在于市场流通领域中的货币，包括纸币和硬币。通货是持有者的金融资产，金融机构的负债。

存款：指金融机构接受客户存入的货币款项，存款人可随时或按约定时间支取款项的信用业务，主要包括活期存款、定期存款、财政存款、外汇存款、委托存款、信托存款、证券公司客户保证金、其他存款和金融机构往来，其中金融机构往来包括中央银行与商业银行、商业银行之间的资金往来，如存款准备金、库存现金等。存款是存款者的金融资产，金融机构的负债。

贷款：指金融机构将其吸收的资金，按一定的利率贷放给客户并约期归还的信用业务，主要包括短期贷款及票据融资、中长期贷款、外汇贷款、委托贷款和其他贷款。贷款是金融机构的金融资产，贷入者的负债。

股权：指对清偿债权人全部债权后的公司或准法人公司的剩余财产有索取权的所有票据或证明记录，包括上市股票、非上市股票和其他股权。股权是持有者的金融资产，发行机构单位的负债。

投资基金份额：是将投资者的资金集中起来投资于金融或非金融资产的集体投资时，证明投资人持有的基金单位数量的受益凭证。投资基金份额是基金持有者的金融资产，金融机构的负债。

债务性证券：指作为债务证明的可转让工具，包括票据、债券、资产支持证券和通常可在金融市场交易的类似工具。其中，债券指机构单位为筹措资金而发行，并且承诺按约定条件偿还的有价证券，主要包括国债、金融债券、中央银行债券、企业债券等。债务性证券是持有者的金融资产，发行单位的负债。

保险准备金和社会保险基金权益：指社会保险和商业保险基金的净权益、保险费预付款和未决索赔准备金，包括人身保险准备金和其他保险准备金。保险准备金和社会保险基金权益是投保人的金融资产，金融机构的负债。

金融衍生品：指以货币、债券、股票等传统金融产品为基础，以杠杆性的信用交易为特征的金融产品。通常与某种特定金融产品、特定指标或特定商品挂钩，对特定的金融风险本身进行交易。金融衍生品是持有者的金融资产，金融机构的负债。

直接投资：指投资者旨在国外经营企业，并在管理上实施控制或重要影响而进行的投资。

国际储备：指我国中央银行拥有的对外资产，包括货币黄金、特别提款权、外汇储备、在国际货币基金组织的储备头寸和其他债权。

资产：是根据所有权原则界定的经济资产，即资产必须为某个或某些经济单位所拥有，其所有者因持有或使用它们而获得经济利益，包括金融资产和非金融资产。

知识产权产品：是研究、开发、调查或者创新等活动的成果，开发者通过销售或者在生产中使用这些成果而获得经济利益。知识产权产品主要包括研究与开发、矿藏勘探与评估、计算机软件与数据库、娱乐及文学和艺术品原件等。

非生产非金融资产：指生产过程以外产生的非金融资产，分为三类：自然资源，合约、租约和许可，商誉和营销资产。自然资源包括土地、矿产和能源储备、非培育性生物资源、水资源等。合约、租约和许可是可以进行市场交易的自然资源的租约和许可证，或者是开展某项活动的许可以及使用货物或服务的专用授权。商誉指能在未来期间为企业经营带来超额利润的潜在经济价值；营销资产指诸如品牌名称、报头、注册商标、公司标识和域名等项目。

负债：指在特定条件下一个单位（债务人）向另一个单位（债权人）承担的一次性或连续性支付的义务。在资产负债核算中，负债即为金融负债，金融负债分类与金融资产分类一致。

资产净值：是资产负债表的平衡项，指各机构部门和经济总体所拥有的全部资产减去全部负债后的差额，体现其所拥有的净资产。

资产物量其他变化：指核算期内除持有损益之外的所有非交易因素引起的资产、负债和资产净值的变化，包括经济出现和经济消失、外部事件、分类变化等因素引起资产、负债和资产净值的变化。

经济出现：指某些资产不通过交易进入资产负债表的行为，比如自然资源的发现、非培育性生物资源的自然生长、合约的订立等。

经济消失：指某些资产不通过交易退出资产负债表的行为，比如自然资源的开采、非培育性生物资源的收获、合约的解除等。

外部事件：指地震、火灾、海啸、洪灾、飓风、旱灾、战争、骚乱等巨灾损失和无偿没收等事件。

初次收入：指常住单位与非常住单位之间因提供劳务、金融资产和出租自然资源而获得的回报，包括雇员报酬、投资收益和其他初次收入三部分。

雇员报酬：指雇员（属于一个经济体）因在雇主（属于另一个经济体）生产过程中提供劳务投入而获得的酬金回报，包括现金形式的工资和薪金、实物形式的工资和薪金、雇主的社会保险缴费。

投资收益：指常住单位与非常住单位之间提供金融资产获得的回报，包括直接投资收益、证券投资收益和其他投资收益。

二次收入：指常住单位与非常住单位之间的经常转移，包括现金和实物转移。贷方记录从国外获得的经常转移，借方记录对国外提供的经常转移。

资本账户：是反映常住单位与非常住单位之间发生的资本转移，以及常住单位与非常住单位之间发生的非生产非金融资产的获得和处置。

金融账户：指常住单位与非常住单位之间发生的金融资产和负债交易，包括非储备性质的金融账户和国际储备。

证券投资：指没有列入直接投资或国际储备的股本证券和债务证券的跨境交易。

净误差与遗漏:指国际收支负债(借方)总额与资产(贷方)总额的差额。可能是由于资料不完整而造成的某一方记录上的遗漏,也可能是由于多种数据来源在统计时间、统计口径、计价标准存在不一致,以及货币折算等原因造成的统计误差。

价格指数:指一组货物或服务在两个不同时期价格变动的相对数,即报告期价格与基期价格变动的比例关系。

物量指数:指一组货物或服务在两个不同时期数量变化的相对数。

实际国民总收入:指不变价国内生产总值加上来自国外的初次收入净额。

实际国民可支配收入:指实际国民总收入加上来自国外的实际经常转移收入净额。

自然资源:指可通过收获、开采或提取直接用于经济体系的生产、消费或积累,或者为开展经济活动提供空间的自然实体。

自然资源资产:指纳入核算范围的具有稀缺性、有用性及产权明确的自然资源,包括土地资源、矿产资源、能源资源、林木资源和水资源等。

环境保护活动:指各种以预防、减少和消除污染以及其他环境退化问题为主要目的的活动。

环境保护支出:指在环境保护目的下所发生的支出。

污染物:指进入环境后会对人类健康产生直接或间接危害的物质,包括大气污染物、水污染物和固体弃废物等。

总人口:指我国核算期末的所有常住人口。其中,16 周岁以上人口为劳动年龄人口,可以划分为劳动力人口和非劳动力人口两类。

劳动力人口:指在 16 周岁及以上,有劳动能力,参加或要求参加生产活动的常住人口。包括就业人口和失业人口。

就业人口：指在一定年龄以上，有劳动能力，为取得劳动报酬或经营收入而从事生产活动的人员。

失业人口：指年满 16 周岁，有劳动能力但没有工作，正在寻找工作且马上可以开始工作的人员。

实际工作总时间：指劳动力从事货物和服务生产活动所使用的时间。

卫生保健活动：指利用医学知识以提高和维持人体健康状况、预防健康状况恶化、减轻不健康影响为主要目标的活动。

卫生总费用：指一定时期内用于卫生保健的货物和服务的资金总额。

旅游：指个人出于游览观光、休闲娱乐、探亲访友、文化体育、健康医疗、短期教育（培训）、宗教朝拜，或公务、商务等目的，在惯常环境以外进行的，连续停留时间不超过 1 年，并且不是为了在所访问的地方获取报酬的经济活动。

游客：是旅游活动的实施者，指出于个人休闲、或商业及政府事务等目的到惯常环境以外的地方旅行，并且在访问地连续停留时间或预期连续停留时间不超过 1 年的个人。游客不包括主要目的是在访问地谋生的旅行者，也不包括在其公务地点和家庭所在国之间旅行的外交和军事人员。

旅游支出：指为旅游出行和在旅游出行期间，供自己使用或馈赠而购买消费性货物和服务（以及贵重物品）所发生的所有支付。

旅游消费：指游客为满足旅游需求而获取的货物和服务总额。

新兴经济：指以新产业、新业态、新商业模式为主体，由互联网和新技术革命推动的，以信息化和产业化深度融合、商业模式和体制机制创新、人力资本的高效投入和减少对物质要素的依赖为标志的一种经济形态，表现为传统经济活动的转型升级和新型经济活动的兴起。